Inhaltsverzeichnis:

Verehrte Reisende,

Sie halten unsere Reiseführer

'Glacier-Express - Bernina-Express und Rhätische Bahn'

in Händen. Darin stellen wir Ihnen die Streckenführung der beiden Luxuszüge und die zahlreichen spektakulären Bergstrecken der Rhätischen Bahn vor.

Der erste Teil beinhaltet die Strecke des **Glacier-Express** von Zermatt nach Brig, hinauf nach Oberwald durchs Rhonetal, Tunneldurchfahrt und Furkabergstrecke, die Fahrt durchs Urserental nach Andermatt und die Überquerung des Oberalppasses nach Disentis.
Der zweite Teil beschreibt die Bahnstrecken der Rhätischen Bahn. Sie enthält die Glacier-Express-Strecke von Disentis nach Chur durch die Rheinschlucht. Über Thusis und Tiefencastel wird kurz vor Filisur der Landwasserviadukt überquert, ein Höhepunkt der Strecke. Oberhalb von Bergün beginnt das Albula-Karussell. Durch den Albulatunnel erreicht die Strecke das Engadin.

Glacier-Express, 1987

Gleichermaßen interessant sind viele weitere Strecken der Rhätischen Bahn. Hierzu zählt besonders die Fahrt mit dem **Bernina-Express** von St. Moritz über Pontresina, vorbei am Morteratsch-Gletscher zum Bernina-Pass. Nach spektakulärem Abstieg in zahlreichen Kehren ins Valpuschlav mit Poschiavo und Brusio endet die Fahrt im italienischen Tirano.

Lohnende Tagesausflüge bieten die Arosabahn von Chur durchs Schanfigg nach Arosa oder Fahrten durchs Prättigau nach Klosters und Davos, über das Wiesenviadukt und durch das Landwassertal.
Wer noch mehr erleben will, dem seien die Fahrten mit dem Schweizer PostAuto von Chur über Lenzerheide nach Tiefencastel und über den Julier-Pass nach St. Moritz oder die Fahrt ins Val Müstair empfohlen.

Neben den Beschreibungen der Bahnstrecken sind viele Seitentäler, wie das Val Lumnezia und das Valsertal in Graubünden, das Binntal, die Rieder- und Bettmeralp und das Saastal nach Saas-Fee beschrieben. Diese Regionen können mit dem PostAuto oder der Seilbahn erreicht werden.

Der Text gliedert sich in die Streckenbeschreibungen mit vielen technischen Daten wie Höhe über dem Meer, den Längen von Tunneln und Brücken und die Geschichte der Bahnstrecken sowie die Beschreibung touristischer Sehenswürdigkeiten. Die Beschreibungen sind am Seitenrand vor dem Text mit farbigen Streifen gekennzeichnet:

- Bahn-Streckenbeschreibung
- PostAuto-Streckenbeschreibung
- Touristische Beschreibung

Rheinschlucht - Ruinaulta

Aus den vielen Sehenswürdigkeiten, die links und rechts der Strecke liegen, wurden neben den spektakulären auch viele weniger bekannte, aber nicht minder sehenswerte Ziele zusammengetragen. Diese sind auf der jeweiligen Karte eingezeichnet.

Mithilfe der Anzahl der Sternchen (***, **, *) kann leicht eine Auswahl der wichtigsten und bekanntesten Ziele getroffen werden. Die mit einem Stern oder ohne Stern gekennzeichneten Orte ermöglichen einen umfassenderen Einblick in die Geschichte und Kultur dieser aussergewöhnlichen Region.
Bei der persönlichen Besichtigung fast aller Orte wurden die vorgestellten Objekte eigenhändig fotografiert. Die Auswahl der Fotos stellte eine schwierige Aufgabe dar, denn nicht alle konnten hier Platz finden.

Weitere Bilder zur Region finden Sie im Internet unter ***www.bildagentur-walder.de.***

Trotz aller Sorgfalt und Mühe, die auf diesen Führer verwandt wurden, können Fehler nicht vollständig ausgeschlossen werden. Da wir an der ständigen Verbesserung unserer Reiseführer sehr interessiert sind, würden wir uns über eine E-Mail mit Ihren Hinweisen freuen.

Infos zu weiteren bisher erschienenen Reise- und Radtourenführer finden Sie unter ***www.walder-verlag.de***.

Hist. Glacier-Express

Zu Recht geniesst er den Ruf als 'langsamster Schnellzug der Welt', doch ist er gleichermassen für seine einzigartige Streckenführung berühmt - der Glacier-Express. Seit nunmehr über 75 Jahren verkehrt dieser Zug zwischen den berühmten Viertausendern Matterhorn und Piz Bernina auf einer enorm schwierigen, vielfach in ihrem urwüchsigen Charakter erhaltenen Trasse.

In den 'Goldenen Zwanzigern', als in so manchem kleinen Bergdorf der Wandel zum eleganten Kurort spürbar wurde, bestand die heutige Gebirgsbahn zunächst nur in Teilstücken. Doch am 25. Juni 1930 war es dann endlich so weit: Erstmals fuhr ein durchgehender Zug zwischen den Touristikzentren Zermatt und St. Moritz und es begann die Erfolgsgeschichte der spektakulärsten Bahnverbindung Europas. Dauerte es damals noch fast 11 Stunden, benötigt der Express heute rund 7 ½ Stunden für die 290 km. Was ihm zum eingangs erwähnten Beinamen verhalf.

Speisewagen, Glacier-Express

Doch Eile treibt keinen der Fahrgäste, denn hier ist der Weg tatsächlich das Ziel und er führt durch ein unvergleichliches Panorama. Vorbei geht es an eisigen Gletscherwelten und herrlichen Bergseen sowie durch romantische Täler und Bergdörfer. Es bietet sich ein Ausblick auf eine faszinierende Landschaft, die sich je nach Jahreszeit in völlig unterschiedlichem Gewand präsentiert: Sind es im Winter märchenhaft verschneite Landstriche, so bezaubern in wärmeren Jahreszeiten bunte, blühende Wiesen und satte Farben. Es lohnt sich vielerorts, die Reise mit dem einen oder anderen Zwischenstopp zu verlängern und sich die Gegend genauer anzuschauen.

Neben der einmalig schönen Natur verdienen zugleich die vielen Baudenkmäler Beachtung. Ritterburgen, alte Kirchen und Kapellen ziehen vorbei und über so manches architektonische Meisterwerk fährt man direkt hinweg oder hindurch. - Der Streckenverlauf via Chur, Disentis, Andermatt und Brig weist nicht weniger als 291 Brücken und 91 Tunnels auf.

Pate für den Namen der Bahn stand übrigens der Rhône-Gletscher, der 'Glacier', bis 1982 Höhepunkt der Furkastrecke.

Glacier-Express

Aussichtswagen, Glacier-Express

Mit der Fertigstellung des Furka-Basistunnels musste man zwar fortan auf diese Aussicht verzichten, doch seitdem kann der Zugbetrieb auch im Winter stattfinden, was über die Bergstrecke nicht möglich war. Und es bietet sich - dank des Einsatzes vieler leidenschaftlicher Eisenbahnfans und freiwilliger Helfer - eine höchst interessante Alternative für Reisende: Im Sommer fahren heute wieder historische Dampflokomotiven auf dem ursprünglichen Schienenweg.

So schwer es technisch sein mag, die immensen Steigungen zu bewältigen, die den Glacier-Express bis auf über 2.000 m Höhe führen, für die Fahrgäste bleibt lediglich die Anstrengung, die Sinneseindrücke zu verarbeiten. Der Komfort wird traditionell gross geschrieben, die Investitionen, etwa in spezielle Panoramawagen, haben sich ausgezahlt. Damit auch das leibliche Wohl der Passagiere nicht zu kurz kommt, wird frisch gekocht. Nostalgie und Moderne gehen hier Hand in Hand und so hat der Express bis heute nichts von seinem Reiz verloren - im Gegenteil! Steigen Sie ein und erleben Sie eine unvergessliche Reise im langsamsten Schnellzug der Welt!

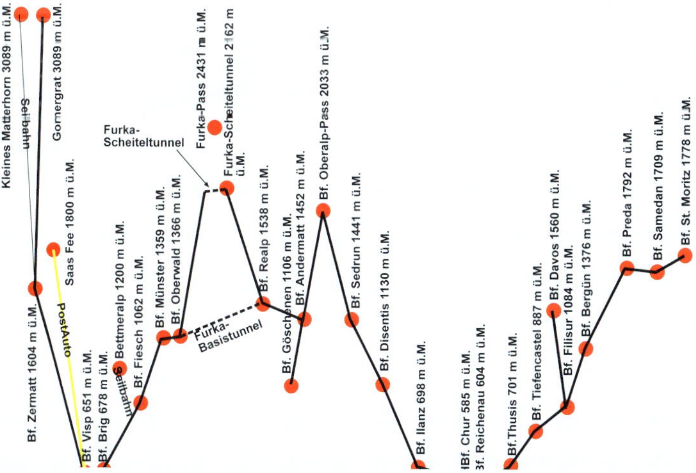

Streckenprofil von Zermatt nach St. Moritz

Zermatt*** *Inmitten der höchsten Alpengipfel innerhalb der Schweiz liegt der mondäne, weltberühmte Wintersport- und Luftkurort Zermatt. Bedeutende Sakralbauten sind die 1913 errichtete* **Pfarrkirche**, *die kleine* **Kapelle Winkelmatten**, *die dem Apostel Jakobus dem Älteren geweihte* **Kapelle Findeln** *sowie die* **Kapelle Schwarzsee**, *die vor malerischer Bergkulisse direkt am Wasser liegt. Als eindrucksvollstes Naturdenkmal präsentiert sich dem Besucher die gewaltige Bergpyramide des* **Matterhorns**. *Der natürlich entstandene Gletscher-Palast bietet Einblicke in eine surreale Welt aus Eis und Schnee.*

Gornergrat-Bahn mit Matterhorn

Gornergrat-Bahn Die mit Drehstrom betriebene Gornergrat-Bahn, 1898 eröffnet, entlässt ihre Fahrgäste auf *3.089 m ü.M.* in ein unvergleichliches Bergpanorama. Der intensive Wintersportverkehr machte auf der etwa 9 km langen Strecke, sie ist durchgehend mit Zahnstange System Abt ausgestattet, in den letzten Jahren einen abschnittsweise doppelspurigen Ausbau notwendig.

Matterhorn, von Sunnegga

Sunnegga-Bahn *Eine weitere Attraktion ist die seit November 1980 nach vierjähriger Bauzeit in Betrieb genommene sogenannte 'Alpen-Metro'. Sie führt vom Nordrand der Matterhorngemeinde auf das 2.300 m hohe Sunnegga-Plateau. Die anderthalb Kilometer lange Strecke liegt vollständig im Tunnel und überwindet 700 m Höhenunterschied.*

Seilbahn Kleines Matterhorn *Mit einer Gondelbahn erreicht man das* **Kleine Matterhorn**, *das als höchster mit der Luftseilbahn zu erreichender Aussichtspunkt Europas ein beeindruckendes Alpenpanorama bietet.*

Zermatt - Mattertal - Visp - Brig

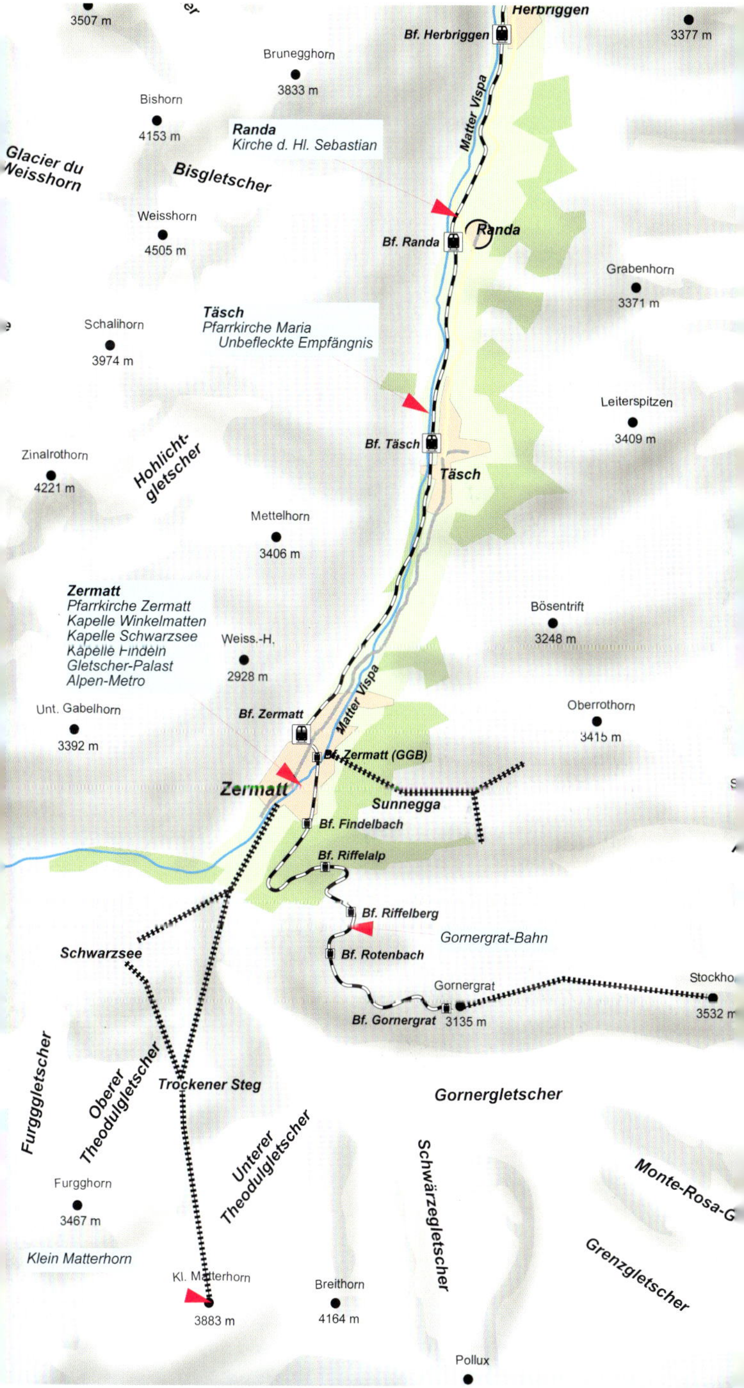

Bf. Zermatt *(1.631 m ü.M.)* Nach Ausfahrt aus dem überdachten Bahnhof beginnt der Abstieg mit starkem Gefälle als Zahnradstrecke, stellenweise vor den Schneemassen im Winter durch Lawinengalerien geschützt. An der Blockstelle Kalter Boden endet die Zahnstange. Auf einer Brücke überquert der Zug die Matter Vispa zur anderen Talseite.

Glacier-Express kurz vor Zermatt

Bf. Täsch *(1.438 m ü.M.)* 2005 wurde das Bahnhofsgebäude neu errichtet. Pendelzüge verbinden Täsch mit Zermatt.

Täsch *Die erste urkundliche Erwähnung dieses Dorfes fand im Jahr 1302 statt. Von hier aus bieten sich beeindruckende Blicke auf das* ***Weisshorn*** *im Westen und das* ***Mischabel-Massiv*** *im Osten. Zu den Sehenswürdigkeiten zählen die* ***Pfarrkirche Maria Unbefleckte Empfängnis*** *aus den Jahren 1938-1939, die ursprünglich im Jahr 1672 erbaute* ***Täschbergkapelle*** *und die* ***Täschalpkapelle****, die mehrmals durch Lawinen zerstört wurde. Ein weiterer Sakralbau ist die* ***Fuxsteinkapelle****, die einst nur ein kleines Bildstöcklein war. Im alten Dorfteil von Täsch erwarten den Besucher alte Häuser, die zum Teil noch aus dem 15. Jh. stammen.*

Pfarrkirche, Täsch

=> Nach dem Bahnhof führt die Strecke weiter bergab durchs enge Mattertal. Zu sehen sind nach links das ***Weisshorn*** (4.505 m) und nach rechts die ***Mischabelgruppe mit dem Dom*** (4.545 m).

Bf. Randa *(1.406 m ü.M.)*

Randa. *Bergsteiger nutzen die Ortschaft gerne als Ausgangspunkt für Touren ins Hochgebirge. Die barocke* ***Kirche des hl. Sebastian*** *mit ihren bedeutenden Wandmalereien lohnt einen Abstecher.*

Zermatt - Mattertal - Visp - Brig

Bergsturz bei Randa

=> Nun folgt wieder ein Zahnstangenabschnitt. Links ist der Bergsturz zu sehen, der eine Streckenverlegung notwendig machte.

Bf. Herbriggen *(1.254 m ü.M.) Das* altes Empfangsgebäude musste der neuen Streckenführung weichen.

Herbriggen. *Der Ort liegt auf 1.260 m ü.M. am rechten Ufer der Matter Vispa. Im Dorfkern blieben neben der Kirche viele alte Gebäude erhalten.*

=> Es folgt der Blattbach-Tunnel (130 m) als längster Bergdurchstich bis Brig.

Bf. St. Niklaus *(1.127 m ü.M.)*

St. Niklaus *Das typische Walliser Dorf liegt auf einer sonnigen Terrasse über dem Mattertal und wurde vielleicht sogar schon in vorchristlicher Zeit besiedelt. Hier befindet sich das älteste Gebäude des Nikolaitals, der* **Meierturm**, *der heute das* **Bergsteiger-Museum** *beherbergt. Die* **Kirche**

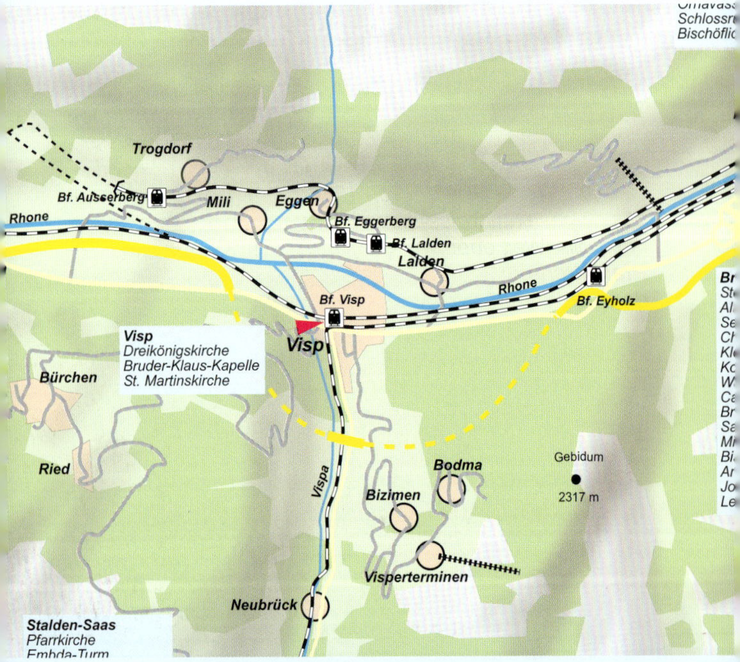

***des hl. Nikolaus**, sie wurde 1272 erstmals erwähnt, ist ein moderner Neubau. Das **Alte Gemeindehaus** wurde bereits 1640 errichtet.*

=> Auf der rechten Seite ist die steile Bergstrasse nach Grächen zu erkennen. Der Zug fährt nun auf einem Zahnstangenabschnitt bis zur Blockstelle Kipfen.

Nikolaus-Kirche, St. Niklaus

Bf. Kalpetran *(897 m ü.M.)*

Kalpetran, *450 m über der Bahnstation Kalpetran klebt auf einer abschüssigen Matte Embd, das steilste aller Walliser Dörfer, förmlich am Berghang (Seilbahnverbindung). Die in dieser Gegend gewonnenen Quarzitplatten (Kalpetraner Stein) werden u.a. als Bedachungsmaterial verwendet.*

=> Bis zum Ort Stalden-Saas folgen sechs kurze Tunnel und mehrere Brücken. Kurz vor Stalden sind rechts die neue Strassenbrücke und die alte Bogenbrücke von 1544 über die tief eingeschnittene Matter Vispa zu sehen. Hier zweigt das Tal nach Saas Fee ab.

Bf. Stalden-Saas *(799 m ü.M.)*

Stalden-Saas *Schon recht früh war die Ortschaft ein bedeutender Verkehrsknotenpunkt, treffen hier doch das Nikolaital nach Zermatt und das Saastal zusammen. Der hohe Stellenwert Staldens, erstmalig am Anfang des 13. Jh. urkundlich erwähnt, lässt sich an so manchem erhaltenen Wohnturm ablesen, etwa dem **Asperturm**, bei dem es sich um einen Block von 3 Häusern mit einem Wohnturm handelt, oder dem **Embda-Turm** von 1346. Dieser Turm gilt als der älteste noch (teilweise) bewohnte und genutzte Wohnturm im Wallis. Weit oben am Berg befindet sich die **barocke Pfarrkirche** aus dem Jahr 1777, die dem Erzengel Michael geweiht ist. Die **Alte Bogenbrücke** stammt dagegen aus dem Jahr 1544. Wegen der vielen Brücken wird Stalden auch das 'Brückendorf' genannt.*

Pfarrkirche, Stalden-Saas

=> Links oben liegt

das ***Dorf Törbel***, rechts führt die Seilbahn nach ***Gspon***. Ein weiterer Zahnstangenabschnitt überwindet die nächste Talstufe. Bei Ackersand erscheint rechts die grosse elektrische Kraftwerkszentrale. Nach der Durchfahrt an der Ritibrücke, wechselt der Zug zum Ostufer der Vispa. Es folgt die Unterquerung der neuen Autobahn Brig - Lausanne und der Nationalstraße und mit einer Rechtskurve nach Osten wird der neue Bahnhof erreicht.

Bf. Visp *(651 m ü.M.)*

Bahnverbindungen: Vom Bf. Visp durch den Lötschberg-Tunnel nach Bern, die Nordschweiz und Deutschland, nach Westen durchs Rhonetal nach Montreux, Lausanne, Genf und Frankreich.

Visp.** *Schon im Mittelalter galt Visp als wichtiger Umschlagplatz für Handelswaren. Bekannt ist der am Zusammenfluss von Rhone und Vispa gelegene Bezirkshauptort durch die* ***höchst gelegenen Weinberge Europas*** *in Visperterminen. Den Besucher erwarten im alten Stadtkern ein informativer Stadtrundgang, der die gut erhaltenen historischen Gebäude vorstellt, und zwei bemerkenswerte Sakralbauten: die* ***Dreikönigskirche - Burgerkirche*** *mit dem Hochaltar aus dem Jahre 1724 und die 1651 neu gebaute* ***St.-Martins-Kirche****.*

Burgener Haus, Visp

=> Bis Brig führt die Strecke der MGB parallel zur Strecke Lausanne - Domodossola - Mailand. Am Berghang links oben verläuft die Lötschberglinie.

Bf. Brig *(678 m ü.M.) Auf dem Bahnhofsvorplatz lagen* früher die Endstationen der Brig-Visp-Zermatt-Bahn (BVZ) und der Furka Oberalp Bahn (FO).

Bahnverbindungen: Vom Bf. Brig südwärts durch den Simplontunnel nach Mailand, nordwärts durch den Lötschbergtunnel nach Bern, in die Nordschweiz und nach Deutschland, westwärts durchs Rhonetal nach Montreux, Lausanne, Genf und Frankreich.

Brig.*** *Die Bezeichnung Brig geht wahrscheinlich auf das erstmals im Jahre 1215 erwähnte Geschlecht 'de Briga' zurück, das hier auf der nicht mehr erhaltenen 'Höllenburg' seinen Sitz hatte. Brig zeichnet sich durch eine Vielzahl von Sehenswürdigkeiten aus. Dazu zählen der* ***Stockalper-Palast****, Zeugnis der herausragenden Bedeutung der Stadt für den Handel, das 1532/33 errichtete alte* ***Stockalperhaus****, das* ***Chavez-Denkmal****, das an den aus Peru stammenden Piloten erinnern soll, der 1910 den ersten Überflug über* die Alpen wagte, sowie die bis zu 42° warmen Thermalquellen in Brigerbad. Zu den bedeutenden Sakralbauten gehören die **Sebastiankapelle** mit dem Altarbild von 1837, die von Mathäus Koller errichtete **Kollegiumskirche**, das gotische Gotteshaus der **Wallfahrtskirche in Glis** und die im barocken Stil erbaute **Klosterkirche St. Ursula mit dem Metziltenturm**. Auch die **Antoniuskapelle** mit der wertvollen Antoniusstatue und die **Josefskapelle**, die eine **Beinhaus-Krypta** umfasst, sind einen Besuch wert. Das wohl älteste Gebäude von Brig ist das **Cathreinhaus** aus dem Jahr 1263. Auch der Sockel des Brutschenhauses stammt noch aus dem 13. Jh. Südlich von Brig liegt die **Saltinaschlucht** mit ihren schroffen Felsen und steil abfallenden Hängen.

Blick auf Brig

Stockalper-Palast, Brig

Naters* Die zweitgrösste Ortschaft im Oberwallis besticht mit einem sehenswerten historischen Ortskern. Zahlreiche Bauten zeugen von der langen Tradition der Siedlung. Dazu gehören die **Pfarrkirche Naters**, deren romanischer Turm noch aus dem 12. Jh. stammt, das mehrmals umgebaute **Pfarrhaus**, das **Waldenhaus**, das gegen Ende des 16. Jh. errichtet wurde, sowie der **Junkerhof**, der heute das Rathaus beherbergt. Weithin bekannt ist auch das im Jahre 1514 von Ulrich Ruffiner errichtete **Beinhaus**. Der **Ornavassoturm** aus dem 13. Jh. ist heute Teil eines Schulgebäudes. Im oberen Dorfabschnitt sind Überreste der im 12. Jh. erbauten **Burg 'Uf der Flüe'** und der bischöflichen Schlossruine zu entdecken.

Brig - Visp - Saas Fee

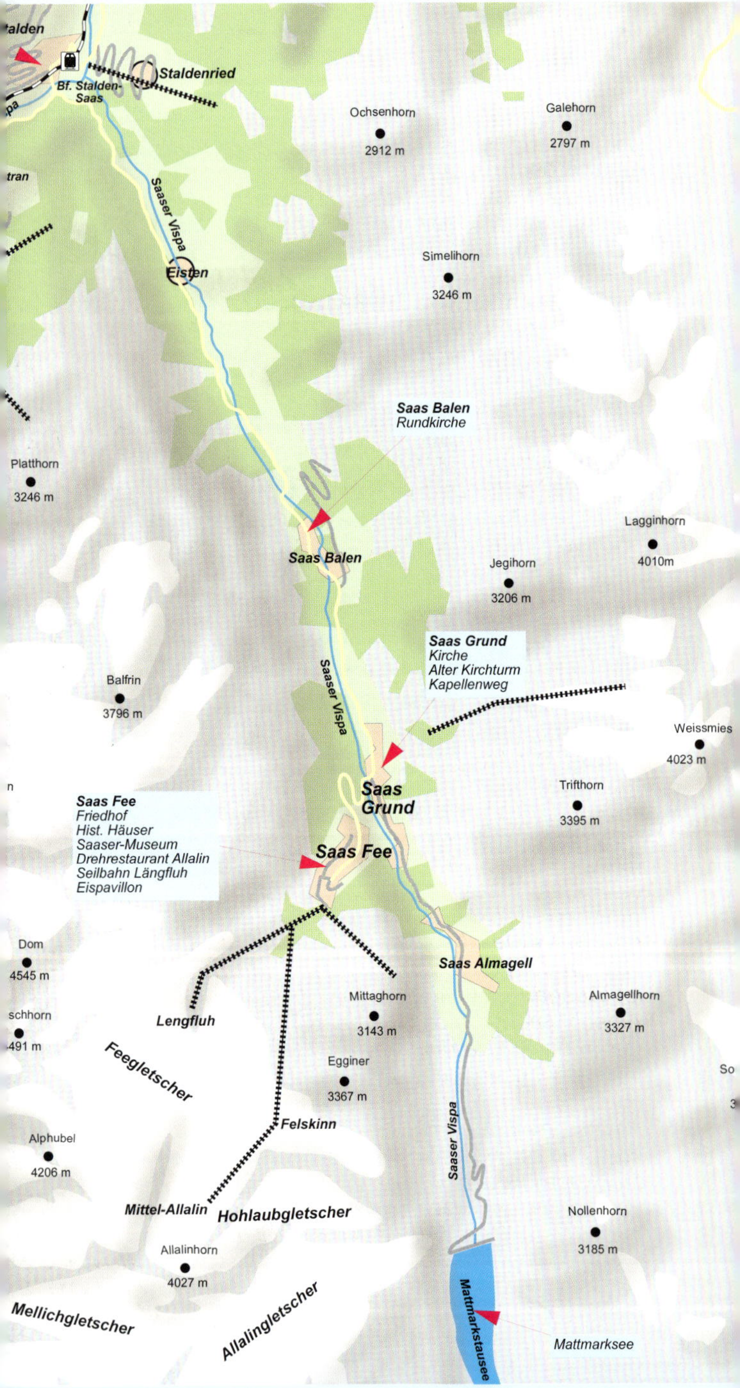

PostAuto-Verbindung: Bf. Brig/Bf. Visp - Saas Grund - Saas Fee

Bf. Brig/Bf. Visp Die Busfahrt führt bis hinter Stalden entlang der Bahnstrecke. Am Kreisverkehr biegt das PostAuto ins Saastal ab. Nach ca. 10 km durch die enge Schlucht wird Saas Balen erreicht.

Saas Balen *Am Eingang zum Saastal befindet sich auf einer Höhe von 1.400 m ü.M. Saas Balen mit seinem urigen, ländlichen Charakter und der späten* ***barocken Rundkirche*** *aus dem frühen 19. Jh., die ein architektonisches Kleinod darstellt. Sehenswert sind vor allem die Altäre des Sakralbaus.*

➡ Die Strasse wechselt auf die andere Talseite der Saaser Vispa und erreicht nach 3 km Saas Grund. Hier teilt sich der Verkehr. Rechts führt die Strasse in das Hochtal nach Saas Fee. Weiter zum Talende führt die Strasse nach Saas Almagell.

Saas Grund *Der Hauptort des Saastales liegt im Herzen der Region und ist Ausgangspunkt der Alpenblumenpromenade mit ihren 250 verschiedenen Blumenarten. Der* ***Kapellenweg*** *hinauf nach Saas Fee umfasst insgesamt 15 bildstockartige Kapellchen. Der* ***Alte Kirchturm im Friedhof,*** *die* ***Kapelle St. Antonius*** *aus dem Jahr 1692, die* ***Kirche St. Bartholomäus*** *und die* ***Kapelle Hl. Dreifaltigkeit*** *sind ebenfalls einen Besuch wert.*

Rundkirche, Saas Balen

Alter Kirchturm, Saas Grund

Fee Gletscher oberhalb von Saas-Fee

=> Steil ist der Aufstieg über Serpentinen nach Saas Fee. Voraus sind das Allalinhorn und die Berggruppe der Mischabel zu sehen.

Saas Fee *Ebenso wie in Zermatt sind auch in diesem vom Tourismus geprägten Gletscherdorf keine Autos erlaubt. Den Besucher erwarten wunderschöne alte Häuser, das* ***Saaser-Museum****, in dem man Einblicke in die Geschichte und Kultur des Saastals erhält und das* ***Drehrestaurant Allalin****, das höchste Drehrestaurant der Welt. Eine weitere Attraktion ist der grosse Eispavillon. Hier werden für die Besucher die Geheimnisse der Gletscher gelüftet.*

Mattmarkstausee

=> Von Saas Grund fährt das PostAuto weiter zum Talende nach Saas Almagell.

Saas Almagell *In der südlichsten Gemeinde des Saastales bietet sich dem Besucher mit dem grössten Naturdamm Europas am* ***Mattmarkstausee*** *ein besonders Schauspiel. Der Ort ist ausserdem wegen seiner vielfältigen Wanderwege ein beliebtes Ausflugsziel.*

Bf. Brig

PostAuto-Verbindung: Bf. Brig - Simplon-Dorf - Gondo

=> Vom Bahnhofsvorplatz fährt der Bus durch den Ort Brig zur Simplonstrasse. Grossartige Ausblicke bieten sich zur rechten Seite in die Saltina-Schlucht. Das Tal wird mit der grossen Ganterbrücke überwunden. Hinter der Simplon-Passhöhe werden die Orte Simplon-Dorf und Gondo an der italienischen Grenze angefahren.

Ganterbrücke am Simplon

PostAuto-Verbindung: Bf. Brig - Blatten/Belalp

=> Vom Bahnhofsvorplatz fährt der Bus über die Rhone nach Naters. In Serpentinen führt die Strasse ins 1.327 m hoch gelegene Blatten. Die Weiterfahrt erfolgt mit der Luftseilbahn. Nach einem kurzen Fussweg erreicht man Belalp in 2.130 m Höhe. Von hier bietet sich ein herrlicher Ausblick auf Aletschgletscher, Aletschwald und Riederalp sowie auf Bettmerhorn und Eggishorn. Bei gutem Wetter sind auch Mischabel und Matterhorn zu sehen.

Aletschgletscher von Blatten-Belalp

Brig - Fiesch - Oberwald - Furka

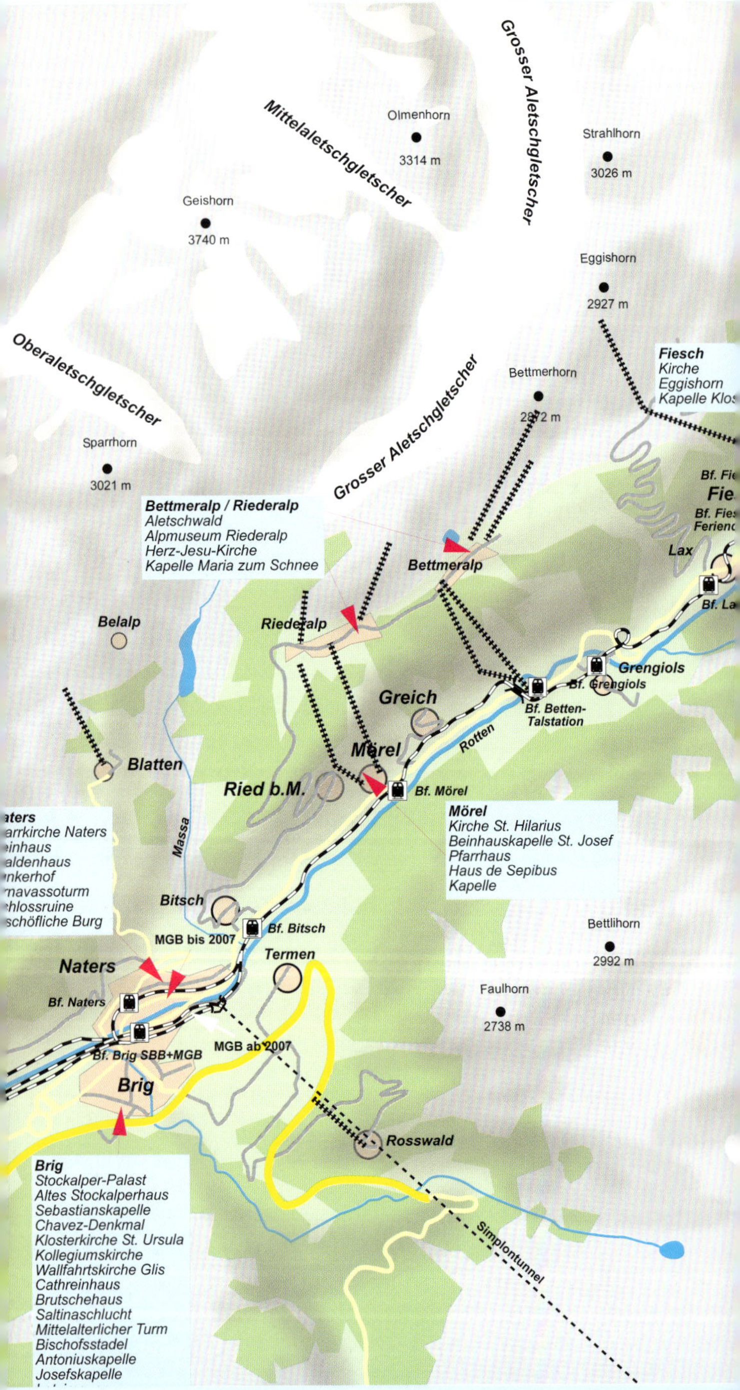

Von Brig nach Oberwald führt die Fahrt durchs **Goms** entlang der Rhone, die nun Rotten genannt wird. Steile Anstiege wechseln mit breiten Talböden bis nach Oberwald. Das Ende des Tals bildet der **Furka-Pass**, der schon im Jahre 1420 als wichtige Handels- und Verkehrsroute Erwähnung fand. Hier liegt auch der **Rhonegletscher**, der heute bei der Fahrt durch den Furka-Basistunnel nicht mehr vom Zug aus zu sehen ist. Der nördlich von Oberwald gelegene **Grimsel-Pass** hatte noch bis ins 19. Jh. eine wichtige Bedeutung für den Warenhandel.

Bf. Brig. Die Fahrt führt seit Ende 2007 nicht mehr durch Naters, sondern folgt nordwärts durch die neue Unterquerung der Simplonstrecke vor dem Simplontunnel weiter flussaufwärts der Rhone mit ihren ausgeprägten Stufen im Flussbett. Danach überquert der Zug die Massa-Brücke (95 m).

Bahnhof Brig mit Schmalspurbahnhof

Die Massa führt das Schmelzwasser des Aletschgletschers der Rhone zu. Links ist das Kraftwerk Massaboden der Schweizerischen Bundesbahnen zu sehen.

Bf. Bitsch *(696 m ü.M.)* Hier sind rechts noch Reste der Wasserleitung für den Bau des Simplon-Tunnels zu erkennen. Im enger werdenden Tal ist immer weniger Platz für Schiene, Strasse und Fluss.

Bitsch. *Hinter dem Bergrücken nach Norden befindet sich der **Aletschwald**, rechts steht die kleine **Kapelle Hohen-Flühen**.*

=> Nördlich (rechts) der Bahnlinie erhebt sich das **Riederhorn** mit dem ***Naturschutzgebiet Aletschwald***.

Bf. Mörel (759 m ü.M.) Zwei Luftseilbahnen führen vom Bahnhof aus zur **Riederalp**.

Mörel* *Im Bezirkshauptort der Tal-*

St. Hilarius, Mörel

Brig - Fiesch - Oberwald - Furka

Aletschgletscher und Aletschwald, Riederalp

Brig - Fiesch - Oberwald - Furka

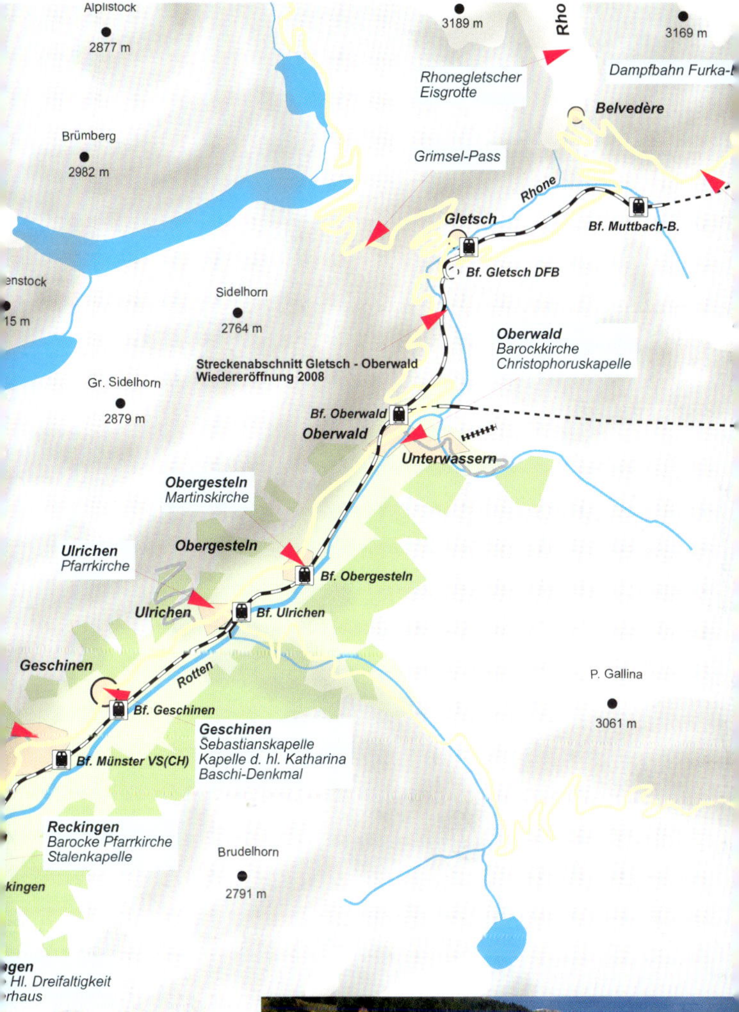

Dorfbild, Binn

Aletschgletscher von Blatten-Belalp

schaft Goms erwartet den Besucher die ***Kirche St. Hilarius****, die mehrmals umgebaut wurde, die* ***Beinhauskapelle St. Josef*** *mit der wunderschönen barocken Decke sowie das* ***Pfarrhaus****, dessen hölzerne Teile noch aus dem Jahr 1586 stammen. Das* ***Haus de Sepibus*** *präsentiert sich als mächtiger fünfstöckiger Bau. Sehenswert sind ausserdem das barocke Interieur der* ***Kapelle bei Mörel*** *und das alpine Soleheilbad in Breiten. Von hier erschliessen zwei Luftseilbahnen die Sonnenterrasse der Riederalp am Aletschgletscher.*

Riederalp** *Oberhalb des ca. 24 km langen* ***Aletschgletschers*** *erstreckt sich der* ***Aletschwald****, ein auf Grund seiner Lage aussergewöhnliches Naturschutzgebiet. Uralte Arvenbestände kennzeichnen diese urwüchsig-wilde Landschaft. Darüber kann man sich in der* ***Villa Cassel*** *mit dem* ***Pro Natura Zentrum Aletsch*** *informieren. Das* ***Alpenmuseum Riederalp*** *lädt ebenfalls zum Besuch ein. Letzteres ist in der aus dem Jahr 1606 stammenden* ***Hütte 'Nagulschbalmu'*** *untergebracht und präsentiert eine Dauerausstellung zum Thema 'Tourismus und Alpwirtschaft'.*

=> Die Strecke verläuft jetzt oberhalb der Strasse und überquert die Rhone mit einem Zahnstangenabschnitt.

Bf. Betten FO *(842 m ü.M.)* Die Station wurde 1951 errichtet für die Luftseilbahnen nach ***Betten und Bettmeralp***.

Bettmeralp** *Der Ort liegt auf einer geschützten Südterrasse. Über die Hangkuppe hinweg gelangt man zum mächtigen* ***Aletschgletscher****. Die* ***Herz-Jesu-Kirche*** *aus dem Jahr 1910 und die* ***Kapelle Maria zum Schnee*** *von 1696/97 laden zur Besichtigung ein. Auf dem* ***Bettmerhorn*** *kann man in einer Höhe von 2.650 m ü.M. das Bergrestaurant*

Bettmeralp mit Bettmerhorn

und den Kunstraum 'Art on Aletsch' besuchen.

=> Nach dem Bahnhof folgt wieder ein Zahnstangenabschnitt, um Höhe zu gewinnen.

Aletschgletscher vom Eggishorn

Bf. Grengiols *(891 m ü.M.)* Mit einer Brücke wechselt der Zug auf die andere Rhoneseite, rechts ist kurz das Dorf Grengiols zu sehen. Im Grengiols-I-Kehrtunnel (592 m und 270 Grad im Berg) quert der Zug die Tunneleinfahrt und gibt rechts den Blick frei auf den vorherigen Streckenabschnitt mit Viadukt und Bf. Grengiols. Weiter führt der Schienenstrang durch die Hangwälder des Deischberges.

Glacier-Express auf dem Viadukt bei Grengiols

Bf. Lax *(1.045 m ü.M.)*

Lax *Die Bewohner des Dorfes am Eingang zum Goms-Hochtal haben sich vor allem durch das Handwerk der Bildschnitzerei und durch den Orgelbau einen Namen gemacht. Wer die Ortschaft näher kennenlernen möchte, sollte den Kulturweg Lax nutzen, der an alten Wohnhäusern, Scheunen und Stadeln vorbeiführt.*

=> Vor der nächsten Station überquert der Zug das Laxgraben-Viadukt (67 m).

Bf. Fiesch *(1.062 m ü.M.)*

Fiesch* *Die Ortschaft entstand zu spätmittelalterlicher Zeit aus dem Zusammenschluss vormals selbstständiger Weiler. Zu be-*

Ansicht, Fiesch

sichtigen gibt es die ***Kirche in Fiesch****, deren Sakralbau in seiner heutigen Form auf Arbeiten in den Jahren 1883 bis 1884 zurückgeht, die mit wertvollen Gemälden und Altären ausgestattete* ***Kapelle Klosterli*** *und das 2.926 m hohe* ***Eggishorn****, von dem sich ein beeindruckendes Panorama vom Berner Oberland über den Aletschgletscher bis ins Rhonetal bietet.*

=> Nach dem Bahnhof nimmt mit grosser Rechtskurve und Zahnstangenabschnitt der Zug die Steilstufe zum Obergoms: Rechts auf der gegenüberliegenden Hangterrasse ist der Ort ***Ernen*** zu sehen.

Ernen** *Ein besonderes Kleinod des oberen Rhonetals präsentiert sich mit dem alten Dorf Ernen. Hier sollten Besucher ihre Aufmerksamkeit vor allem auf die* ***hist. Häuser*** *am Dorfplatz richten, die teilweise noch aus dem 16. und 17. Jh. stammen. Sehr sehenswert ist auch das Interieur der* ***Pfarrkirche St. Georg****, die mit einem gotischen Altar aus dem 15. Jh. ausgestattet ist. Zu den Prunkstücken des Kirchenmuseums zählen unter anderem die Schiner-Kasel, eine genuesische Arbeit aus dem 15. Jh. sowie neuere Mailänder Strickereien. Das* ***Tellenhaus*** *aus dem Jahre 1576 verdankt seinen Namen der frühen Darstellung der Geschichte von Wilhelm Tell an einer Hausseite. Das* ***Ratshaus zum Zenden des Goms*** *mit den historischen Erner Schriften diente als Amtsstube, wo der Zehnte abgeliefert werden musste, als Gefängnis und als Folterkammer. Weitere bedeutende Sehenswürdigkeiten sind das* ***Jost Sigristen Museum****, in dem die Wohnung des Jakob Valentin Sigristen (1733 - 1808), des letzten Landeshauptmannes der alten Republik Wallis, gezeigt wird, die alte Mühle, eine typisch* ***savoyische Stockmühle****, und die 1676 erbaute* ***Kapelle Mühlebach****. Auf dem Themenweg durch den* ***hist. Dorfkern Mühlebach*** *können Besucher den ältesten Schweizer Dorfkern in Holzbauweise bewundern.*

Haus des Zenden, Ernen

Bf. Bellwald-Fürgangen *(1.202 m ü.M.)*
Links am Berg liegt das Bergbauerndorf Bellwald und rechts im Hintergrund erheben sich ***Mittaghorn***, ***Blinnenhorn*** und ***Griesgletscher*** mit dem ***Bättelmatthorn*** (alle Berge über 3.000 m).

Bellwald** *Der Bahnhof gehört zu einem Dorf, das rechts oberhalb auf einer Sonnenterrasse liegt. Besucher finden* *hier ein typisches Walliser Bergdorf vor, das mehrere Weiler umfasst. In Bellwald direkt steht das schmucke weisse Gotteshaus der* ***Kirche Maria Sieben Freuden****. Weitere acht Kapellen gibt es in den verschiedenen Bellwalder Weilern zu bewundern.*

Klrche Maria Sieben Freuden, Bellwald

Im ***Alpenmuseum*** *kann man eine Hütte, den Spittel, besichtigen und erhält so Einblicke in vergangene Lebens- und Wirtschaftsformen. Wer eine einmalige Aussicht auf die umliegende Berglandschaft geniessen möchte, sollte den Aussichtspunkt auf dem Risihorn besuchen.*

Bf. Niederwald *(1.243 m ü.M.)*

Niederwald *In dieser weiteren, für das obere Rhonetal typischen Siedlung fallen dem Besucher vor allem die dunklen Holzhäuser, an denen die weiss gestrichenen Fensterrahmen Akzente setzen, ins Auge. Aus diesem Ort stammte der erste* ***'Hotelierkönig', César Ritz****. Sein Grab fand Ritz auf dem Friedhof seines Heimatdorfs.*

Grab von César Ritz, Niederwald

Bf. Blitzingen *(1.264 m ü.M.)*

Blitzingen* *Erstmals wurde der Ort 1347 urkundlich erwähnt. Eine Feuersbrunst zerstörte Blitzingen im Jahre 1932 jedoch nahezu vollständig. Trotz dieser verheerenden Katastrophe gibt es einige Sehenswürdigkeiten zu besichtigen. So ist die* ***Pfarrkirche Maria Hilf der Christen*** *mit einem von Johann Ritz gefertigten Hochaltar ausgestattet und auch der Barockaltar der* ***Dreifaltigkeitskapelle*** *wurde wahrscheinlich in der Selkinger Werkstatt der Ritz gefertigt. Die* ***Andreaskapelle*** *präsentiert sich als eher schlichter Bau aus der ersten Hälfte des 17. Jh. Besucher sollten sich auch die schönen Medaillons mit Darstellungen von Rosenkranzgeheimnissen an der* ***Heilig-Kreuz-Kapelle*** *und das* ***Freilicht- und Kunsthandwerkmuseum Ammern*** *anschauen.*

Bf. Biel *(1.283 m ü.M.)*

Biel* *Hier befand sich einst der Sitz der sogenannten Grafschaft, die im Jahre 1344 erstmals urkundliche Erwähnung fand. Das Dorf wurde bei einem schlimmen Lawinenabgang im Jahre 1827 zur Hälfte zerstört. Erhalten geblieben sind aber noch die* ***Kapelle Selkingen****, ein im barocken Stil erbautes Gotteshaus, und die im Jahr 1687 errichtete* ***Ritzinger Feldkapelle****, die als eine der schönsten Wallfahrtskapellen der Gegend gilt.*

=> Ab Ritzingen wird der Talgrund breiter.

Bf. Gluringen *(1.313 m ü.M.)*

Gluringen *Bereits im Jahr 1203 wurde die Siedlung erstmals erwähnt. Die* ***Kirche Hl. Dreifaltigkeit*** *mit ihrer sehenswerten Innenausstattung und das wuchtige* ***Holtzerhaus*** *der gleichnamigen Familie aus dem Jahre 1681 laden zur Besichtigung ein.*

=> Lawinengalerien für die Bahn.

Bf. Reckingen *(1.315 m ü.M.)*

Reckingen *Ursprünglich auf eine alemannische Siedlung im 8./9. Jh. zurückgehend, wurde der Ort erstmals im Jahre 1240 urkundlich erwähnt. Im Ortskern steht die* ***barocke Pfarrkirche****, die als der schönste*

Ortsbild, Biel

Ansicht von Gluringen

Glacier-Express

Sakralbau im gesamten Wallis gilt. Die ***Stalenkapelle*** *ist mit einer prachtvollen Innenausstattung versehen.*

=> Die Strecke führt weiter durch eine ebene Aue und gibt links voraus den Blick frei auf das Dorf Münster.

Alte Holzbrücke, Reckingen

Bf. Münster VS *(1.359 m ü.M.)*

Münster VS*** *Die grösste Siedlung im Obergoms besteht fast ausschliesslich aus* ***Holzhäusern****, von denen einige in ihrer Grundsubstanz bis ins 16. Jh. zurückgehen. Prägend für das Ortsbild von Münster ist die* ***Pfarrkirche St. Maria****, deren Chor noch aus dem späten Mittelalter stammt, die aber insgesamt barock ist. Das Innere birgt sehenswerte Werke kirchlicher Kunst. Lohnenswert sind auch Besuche der 1679 entstandenen* ***Kapelle St. Margarethen****, der* ***Peterskirche*** *mit ihror Turmglocke aus der Zeit um 1400 und der* ***Antoniuskapelle****, die mit einem Altar von 1682/83 ausgestattet ist.*

St. Maria, Münster

Bf. Geschinen (1.340 m ü.M.)

Geschinen* *Auch in diesem Ort findet der Besucher noch so manches Holzhaus aus dem 16. und 17. Jh. vor. Sehenswert sind zudem die* ***Kapelle d. hl. Katharina****, die in ihrer heutigen Form auf einen Neubau aus dem Jahre 1686 bzw. 1704 zurückgeht, die* ***Sebastianskapelle*** *mit den sehenswerten Gewölbemalereien von Johann Georg Pfefferle und leicht orientalisch anmutendem Turm sowie das* ***Baschi-Denkmal*** *gegenüber der Kapelle, eine vom Künstler Erich Zehner geschaffene Bronzefigur des Sebastian Weger.*

Bf. Ulrichen *(1.347 m ü.M.)*

Ulrichen* *Das recht hoch im Obergoms liegende Dörfchen ist hier die älteste Siedlung - schon im Jahre 1235 wurde es als 'Ulrighingen' genannt. Die im neugotischen Stil errichtete* ***Pfarrkirche*** *stammt aus dem Jahr 1895. Von hier führt eine Route durch das* ***Eginental*** *Richtung* ***Nufenen-***

*und **Gries-Pass**, die schon zu früher Zeit von Händlern rege frequentiert wurde.*

=> Nach rechts ins Tal führt seit 1969 eine Strasse über den ***Nufenen-Pass*** als kürzeste Verbindung ins Tessin.

Bf. Obergesteln *(1.353m ü.M.)*

Obergestein *Bemerkenswert an der Ortschaft ist die dort vorherrschende Bauweise. Findet man in der weiteren Umgebung ansonsten nur Holzhäuser vor, dominieren in Obergesteln Gebäude aus Stein. Sie wurden nach einem Brand im Jahre 1866 nach einheitlichem Muster errichtet. Besichtigen kann man hier die **Kirche St. Martin** mit ihren wertvollen Kirchenschätzen, wie das in der Vorhalle befindliche **Kruzifix** aus dem 15. Jh. oder Statuen des Bildhauers Jörg Keller aus dem 16. Jh. am von Dephabiani gefertigten **Hochaltar** und ein **Kristallmuseum**.*

Sebastianskapelle, Geschinen

Glacier-Express

Bf. Oberwald *(1.366m ü.M.)*

Oberwald* *Man sollte auf keinen Fall einen Besuch der prachtvollen **Barockkirche** aus dem Jahr 1710 versäumen. Der mächtige Lawinenbrecher vor der Kirche zeugt von den Naturgewalten, denen Siedlungen in dieser Höhenlage im Winter ausgesetzt sind.*

Furka-Bergstrecke. Von Oberwald führte vor Eröffnung des Furka-Basistunnels die Bahnstrecke in den Sommermonaten nach Gletsch und weiter zum in *2160m Höhe* gelegenen Furka-Scheiteltunnel. Heute wird diese Strecke vom Verein ***Furka-Bergstrecke***

St. Martin, Obergestein

reaktiviert. Ein durchgehender Betrieb in den Sommermonaten war 2008 noch nicht möglich. Weitere Erläuterungen finden sich auf Seite 30.

=> Nach einem kurzen Tunnel, über den die ***Furka-Passstrasse*** führt, quert der Zug ein letztes Mal die Rhône. Es folgt die Einfahrt in den seit 1981 bestehenden Furka-Basistunnel nach Realp.

Christophorus-Kapelle, Oberwald

Einfahrt Furka-Basistunnel, Oberwald

Furka - Realp - Andermatt

=> Nach Verlassen des Basistunnels erreicht der Zug das ***Urserental*** im ***Kanton Uri***, der vom Gotthard-Pass bis an den Vierwaldstättersee reicht.

Bf. Realp *(1.538 m ü.M.)* Links an der Bahnhofseinfahrt sind die Betriebsstätten des Vereins ***Furka-Bergstrecke*** zu sehen.

Realp. *An den Ausläufern des Gotthardmassivs mit der Furkareuss befindet sich in der Ortschaft Realp die nordöstliche Station des* **Furka-Basistunnels**. *Das Dorf, inmitten unberührter Natur, ist die höchstgelegene Gemeinde im Kanton Uri. Zu besichtigen ist die* ***Kapelle St. Nikolaus*** *mit einem schönen Altar aus der Werkstatt der Ritz von Selkingen.*

=> Bahn und Strasse verlaufen nun entlang der Furkareuss nach Nordosten durch das ***Urserental***.

Richleren-Viadukt, Hospental

Burg Hospental, Hospental

Bf. Hospental *(1.452 m ü.M.)* Hier treffen die Pass-Strassen von Furka und Gotthard zusammen.

Hospental* *Bedeutende Verkehrswege kreuzen sich: die Nord-Süd-Verbindung von Süddeutschland über den* ***Gotthard*** *nach Italien und die Ost-West-Verbindung von Graubünden ins Wallis. Vermutlich gehen die Ursprünge der Siedlung auf eine vom Kloster Disentis gegründete Herberge aus dem 9./10. Jh. zurück. Aus dieser Zeit ist leider nichts mehr erhalten. Jedoch kann man heute noch den mächtigen viereckigen Turm der* ***Burg Hospental*** *bewundern, der aus der ersten Hälfte des 13. Jh. stammt. Der Sakralbau der* ***Kirche Mariä Himmelfahrt*** *wurde in den Jahren von 1706 - 1710 errichtet. Ausserdem erwartet den Besucher das* ***Gotthard- und Festungsmuseum****, das über die Geschichte des Passes und der Gotthardstrasse berichtet.*

Bf. Andermatt *(1.436 m ü.M.)* Im Bahnhof Andermatt trifft von **Göschenen** die 1917 als eigenständige Zahnradbahn in Meterspur eröffnete Strecke der ***Schöllenen-Bahn*** ein. Die ehem. **Furka-Oberalp-Bahn** übernahm 1961 den Betrieb. Das Stromsystem wurde der Stammstrecke angepasst und moderne Fahrzeuge wurden beschafft. Links liegt das Depot der MGB. Durch den Taleinschnitt führt der Blick in die ***Schöllenenschucht*****. Es besteht eine Bahnverbindung zur Gotthardstrecke in Göschenen.

MGB-Bahnhof in Andermatt

Andermatt** *Der Ort bildete hier, zwischen Furka-, Gotthard- und Oberalp-Pass, schon früh einen wichtigen Verkehrsknotenpunkt, der nicht nur für den Warenhandel, sondern auch militärisch erhebliche Bedeutung hatte. Schon um das Jahr 1100 entstand hier eine erste* ***Kirche St. Kolumban****. Weitere bedeutende Gotteshäuser sind die* ***Pfarrkirche St.***

St. Peter und Paul, Andermatt

Peter und Paul mit ihren vor allem für die Rokokozeit typischen Stuckaturen und die **Maria-Hilf-Kapelle**, die leicht erhöht über der Ortschaft wacht. Der Hotelbetrieb **Haus 'Drei Könige'** blickt auf eine lange Tradition zurück - so hat hier schon Johann Wolfgang von Goethe logiert. Informationen über die Geschichte, Wohnkultur und das Brauchtum des Urserentals erhält der Besucher im liebevoll eingerichteten **Talmuseum**, während man im **Rathaus Urseren** bedeutende historische Dokumente und Gegenstände betrachten kann.

Zwei weitere Sehenswürdigkeiten sind das urwüchsige, wilde Naturdenkmal der ***Schöllenenschlucht*** *mit* ***Teufelsbrücke*** *und das in der Nähe der Schlucht befindliche* ***Suworow-Denkmal****, das an die Schlacht zwischen napoleonischen Truppen und den Russen unter General Suworow erinnert.*

Schöllenen-Bahn**. *Die Bahnstrecke verbindet den Bahnhof Andermatt mit dem ca. 300 m tiefer gelegenen Bahnhof Göschenen am Nordportal des Gotthard-Tunnels an der Gotthardstrecke, die eine wichtige Europäische Nord-Süd-Transversale durch die Alpen bildet.*

Teufelsbrücke, Schöllenenschlucht

Bf. Andermatt *(1.436 m ü.M.)* Direkt nach der Ausfahrt aus dem Bahnhof wendet sich die Strecke nach Norden auf die Schlucht zu. Deutlich ist das Einrasten der Zahnräder in die Zahnstange zu hören. Die Strecke führt steil bergab. Rechts fällt der Blick auf die berühmte ***Teufelsbrücke***, die von der neuen Gotthardstrasse überspannt wird. Kurz ist das ***Suworow-Denkmal*** zu erkennen. Es folgen ein kleiner Tunnel und eine Steinschlaggalerie. Parallel hierzu verläuft die Strasse in vielen Serpentinen abwärts, begleitet vom alten Saumpfad. Ursprünglich überspannte eine ***alte Römerbrücke*** die Reuss im Talgrund. Nach Zerstörungen durch Unwetter musste sie schon mehrfach wieder aufgebaut werden.

Kurz vor Ende der Fahrt wird das Bahnhofsfeld des Bf. Göschenen sichtbar. Hier werden die Zusatzlokomotiven der Güterzüge, die auf der Strecke von Erstfeld die Zugkraft verstärkt haben, abgekuppelt. Die beiden Tunneleinfahrten des Gotthard-Eisenbahntunnels sind beim Blick nach rechts zu erkennen.

Suworow-Denkmal, Schöllenenschlucht

Bf. Göschenen *(1.106 m ü.M.)* Hier trifft die Schöllenen-Bahn auf die Gotthard-Strecke der SBB.

Im Bf. Göschenen besteht Anschluss an die Gotthard-Bahn, eine

europäische Nord-Süd-Strecke durch die Alpen Richtung Luzern - Basel oder Lugano - Mailand.

Bf. Andermatt *(1.436 m ü.M.)* Vom Bahnhof aus führt die Strecke nun auf der Zahnstange mit mehreren Kehren zum Oberalp-Pass, mal links, mal rechts einen weiten Ausblick ins Urserental und hinunter nach Andermatt bietend.

Blick hinunter nach Andermatt und zum Furka-Pass

HP. Nätschen *(1.843 m ü.M.)* Von hier verläuft die Strecke parallel zur Passstrasse. Rechts breitet sich der ***Oberalpsee*** aus. Eine Galerie für Strasse und Bahn (731 m) schützt beide vor Lawinen. An ihrem Ende erreichen wir die Passhöhe.

Bf. Oberalp-Pass - Calmot *(2.033 m ü.M.)* Der höchste Punkt der MGB ist erreicht.

Oberalp-Pass* *Der Pass verbindet Andermatt im Kanton Uri mit Disentis im Kanton Graubünden. Besonders die Dreitausender als Kulisse und der Blick auf den Oberalp-See machen eine Fahrt über den Pass lohnenswert. Vom Bahnhof führt eine 2-stündige Wanderung zur* ***Rheinquelle*** *am* ***Tomasee****.*

Oberalp-Pass

=> *Die Weiterfahrt ist im* ***Reiseführer 'Graubünden entdecken'*** *ab Seite 57 beschrieben.*

Dampfbahn Furka-Bergstrecke

Dampfzug auf der Furka-Bergstrecke

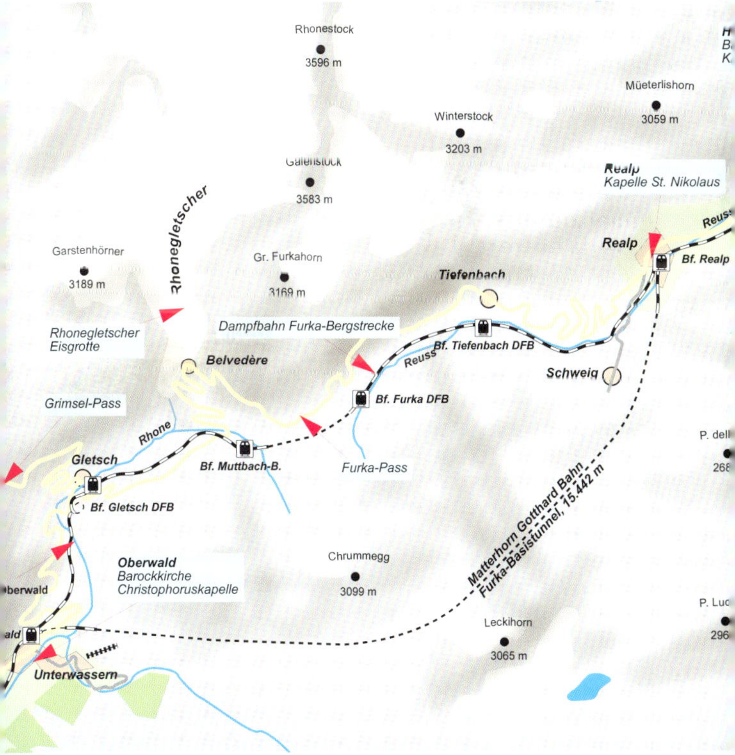

Dampfbahn Furka-Bergstrecke

Die Schweiz ist das klassische Land der Bergbahnen. Die grossartige Landschaft der Schweizer Berge hat auch schon immer wagemutige Ingenieure herausgefordert, unwegsames Gelände durch Verkehrswege zu erschliessen.
So entwickelten sich u.a. neben den herkömmlichen Eisenbahnstrecken auch Zahnradbahnen in verschiedenen Bauformen. Für unsere Route des Glacier-Express ist es auf dem Abschnitt der Matterhorn-Gotthard-Bahn (MGB) die doppellamellige Zahnstange nach dem System Roman Abt.
Damit ist der Zug in der Lage, auf den Bergabschnitten Steigungen bis zu 112 ‰ zu bewältigen. Die acht Zahnstangenabschnitte weisen eine Länge von zusammen 19,715 km auf, das sind immerhin rund 22 % der gesamten Strecke zwischen Disentis und Brig. Der längste Abschnitt 'mit Zähnen' ist das 4193 m lange Teilstück zwischen Andermatt und Nätschen.

Geschichte der Furka-Bergstrecke: Zweifellos war die Bahnfahrt durch die Hochregion am Furka-Pass und vor allem im Anblick des greifbar nahen, wasserblau schimmernden Rhonegletschers eine weltbekannte Touristenattraktion. Doch konnte die Furka-Bergstrecke wegen der Trassierung im extrem lawinengefährdeten Gelände lediglich von Juni bis Oktober befahren werden. Es war aber nicht nur eine siebenmonatige Betriebseinstellung hinzunehmen, vielmehr mussten neben der international bewunderten Steffenbachbrücke jedes Jahr im Oktober auch etwa 18 km elektrische Fahrleitung abgebaut und im nächsten Frühjahr wieder montiert werden.

Für den Streckenbericht Realp - Oberwald wurden Infos der alten FO-Bergstrecke und der heutigen Dampfbahn Furka-Bergstrecke zusammengefasst.

Bf. Realp *(1.538 m ü.M.)* Mit den hist. Wagen der Dampfbahn Furka-Bergstecke klettert der Zug durch die hochalpine Landschaft. In langsamer Fahrt fassen die Zahnräder in die Zahnstange. Auf der Wilerbrücke überquert der Zug die Reuss. Es folgen die drei Senntumstaffel-Tunnel. Weiter geht es über die 36 m hohe ***Steffenbachbrücke***. Man klappt sie jeweils im Oktober mit Seilzügen zusammen, um sie beidseitig des Tobels vor Lawinen in Sicherheit zu bringen.

St. Tiefenbach *(1.849 m ü.M.)* Hier werden die Wasservorräte der Dampfloks ergänzt. Wieder beginnt die Zahnstange, die bis kurz vor den Furka-Scheitel-

Rhonegletscher 2005

tunnel reicht. Der Zug überquert die fünf Natursteinbögen des Steinstafel-Viadukts. Weitere kleine Brücken über Wildbäche folgen.

Zahnstangenabschnitt

St. Furka *(2.162 m ü.M.)* Nach der Abfahrt aus der Station führt die Strecke durch den Furka-Scheiteltunnel mit 1874 m Länge. Dabei wird die Wasserscheide zwischen Nordsee und Mittelmeer gequert.

St. Muttbach-Belvédère *(2.120m ü.M.)* Dieser Bahnhof dient als Ausweiche bei Zugkreuzungen. Bei der Abfahrt hilft wieder die Zahnstange. Am gegenüberliegenden Hang sind das ***Hotel Belvédère*** und der ***Rhonegletscher*** zu sehen. Früher reichte der Gletscher bis auf den Talboden. Steil geht die Fahrt auf der Zahnstange bergab, nur unterbrochen von einer Strassenquerung. Über der Station Gletsch windet sich die ***Grimselstrasse*** hinauf zur Passhöhe.

Bf. Gletsch *(1.762 m ü.M.)* Stationsgebäude, Blaues Haus und das ***ehem. Seiler-Hotel 'Glacier du Rhône'*** sind die wichtigsten Gebäude der Kleinsiedlung Gletsch. Der Streckenabschnitt nach Oberwald ist wieder mit Zahnstangen ausgestattet und führt durch einen Kreistunnel entlang der jungen Rhone am Hang talwärts. Die Westeinfahrt des Furka-Basistunnels ist kurz sichtbar und dann zeigt sich Oberwald als 'Portal' zur Ferienregion Goms.

Rhonegletscher von Gletsch

Bf. Oberwald *(1.366 m ü.M.)* Hier trifft die Dampfbahn Furka-Bergstrecke wieder auf den Schienenstrang der Matterhorn-Gotthard-Bahn.

Bahnfahrzeuge

RhB Draisine am Bf. Filisur

RhB ABe 4/4 I, Bf. Alp Grüm

RhB De 2/2, Bf. Bernina Hospiz

RhB Be 4/4, Bf. Filisur

RhB Gem 4/4, Bf.Tirano

RhB ABe 4/4 I, Bf.Tirano

RhB Ge 6/6 I mit Güterzug

RhB AGe 4/6 im Depot Samedan

RhB Ge 6/6 II, Bf. Preda

RhB Ge 4/4 III vor Preda

RhB Ge 6/6 I mit Pullmanwagen

RhB Offene Personenwagen

MGB HGe 4/4 I, Bf. Brig

BVZ HGe 4/4 I

MGB HGe 4/4 II, Bf. Bellwald

MGB HG 2/3, Bf. Reckingen

Streckenplan und Hotelübersicht

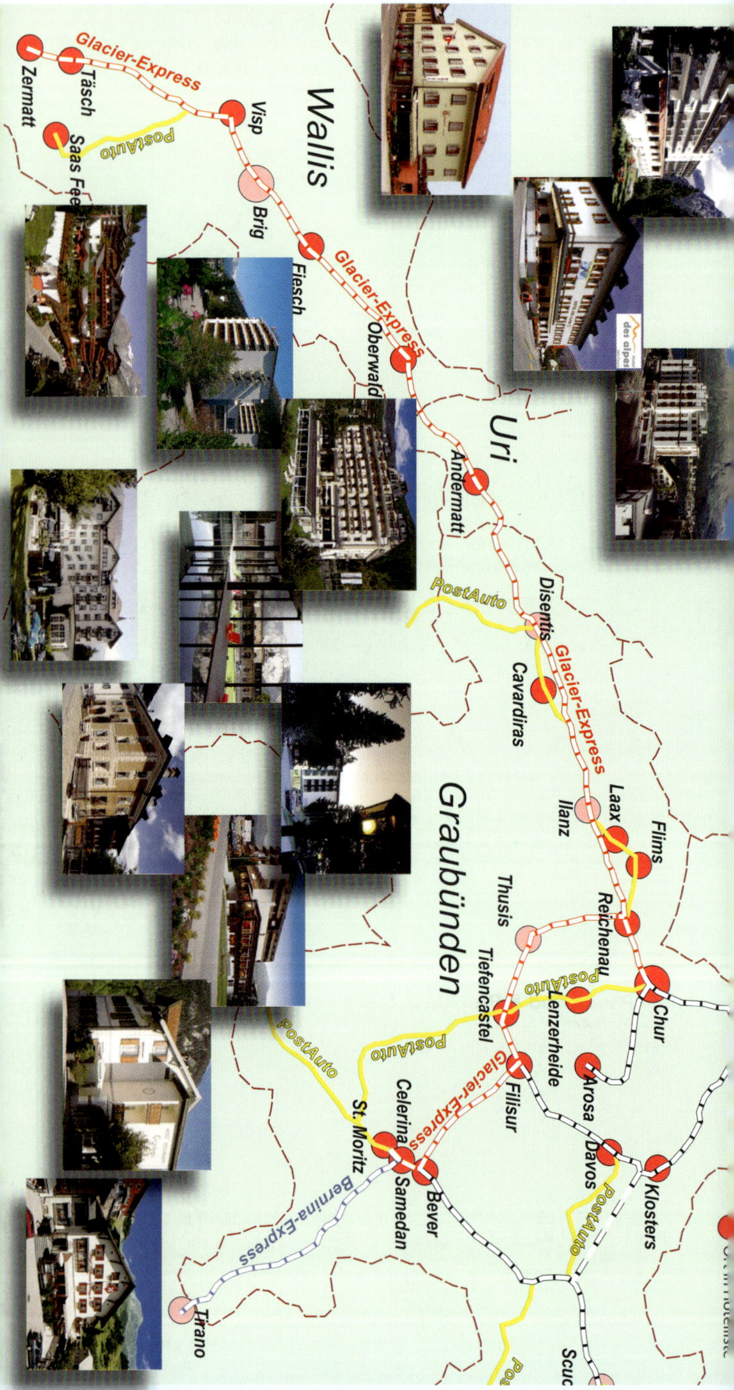

Hotelübersicht entlang der Strecke

Das Hotelangebot der Region ist immens. Um Ihnen die Auswahl ein wenig zu erleichtern, haben wir für Sie einige Hotels entlang der Bahnstrecke oder in der unmittelbaren Umgebung mit den jeweiligen Kontaktdaten zusammengestellt. Ein Besuch lohnt sich!

Andermatt

Hotel 3 Könige & Post
Gotthardstr. 69, CH-6490 Andermatt
Tel. +41(0)41-887.00.01
Fax +41(0)41-887.16.66
www.3koenige.ch
hotel@3koenige.ch

Hotel 3 Könige + Post

Arosa

Sunstar Parkhotel Arosa
Seewaldweg, CH-7050 Arosa
Tel. +41(0)81-378.77.77
Fax +41(0)81-378.77.78
www.sunstar.ch/arosa
arosa@sunstar.ch

Sunstar Parkhotel Arosa

Bever

CHESA SALIS - Romantik Hotel
CH-7502 Bever
Tel. +41(0)81-851.16.16
Fax +41(0)81-851.16.00
www.chesa-salis.ch
reception@chesa-salis.ch

TOP

Hotel Chesa Salis

Cavardiras

Pign Padua Bed & Breakfast, Café
Via Sogn Antoni 38, CH-7182 Cavardiras
Tel. +41(0)81-936.41.70
Mobil +41(0)79-545.85.65
www.pignpadua.ch
info@pignpadua.ch

Celerina

Hotel Chesa Rosatsch
CH-7505 Celerina
Tel. +41(0)81-837.01.01
Fax +41(0)81-837.01.00
www.rosatsch.ch
hotel@rosatsch.ch

TOP

Hotel Chesa Rosatsch

Hotelübersicht entlang der Strecke

Chur

Comfort Hotel Post
Poststr. 11, CH-7002 Chur
Tel. +41(0)81-255.84.44
Fax +41(0)81-255.84.85
www.comforthotelpost.ch
posthotel.chur@bluewin.ch

Hotel Freieck
Reichsgasse 44, CH-7002 Chur
Tel. +41(0)81-255.15.15
Fax +41(0)81-255.15.16
www.freieck.ch
hotel@freieck.ch

Davos

Sunstar Familenhotel Davos
Parkstr. 1, CH-7270 Davos-Platz
Tel. +41(0)81-413.14.14
Fax +41(0)81-413.15.79
www.sunstar.ch/davos
davos@sunstar.ch

Sunstar Familienhotel Davos

Sunstar Parkhotel Davos
CH-7270 Davos-Platz
Tel. +41 (0)81-413.14.14
Fax +41 (0)81-413.15.79
www.sunstar.ch/davos
davos@sunstar.ch

TOP

Sunstar Parkhotel Davos

Fiesch

Wanderhotel des alpes
Furkastr., CH-3984 Fiesch
Tel. +41 (0)27-971.15.06
Fax +41(0)27-971.36.28
www.des-alpes.ch
info@des-alpes.ch

Hotel des alpes

Filisur

Hotel Grischuna
Am Bahnhof, CH-7477 Filisur
Tel. +41(0)81-404.11.80
Fax +41(0)81-404.24.80
www.grischuna-filisur.ch
hotel.grischuna.filisur@bluewin.ch

Hotel Grischuna

Flims

Park Hotel Waldhaus - resort & spa
CH-7018 Flims Waldhaus
Tel. +41(0)81-928.48.48
Fax +41(0)81-928.48.58
www.parkhotel-waldhaus.ch
info@parkhotel-waldhaus.ch

TOP

Park Hotel Waldhaus

Sunstar Hotel Surselva Flims
CH-7018 Flims-Waldhaus
Tel: +41(0)81-928.18.00
Fax +41(0)81-928.18.01
www.sunstar.ch/flims
flims@sunstar.ch

Sunstar Hotel Surselva Flims

Hotel Bellevue
Via Nova 86, CH-7017 Flims
Tel. +41(0)81-911.31.31
Fax +41(0)81-911.12.32
www.bellvueflims.ch
info@bellvueflims.ch

Klosters

Sunstar Hotel Albeina Klosters
Boscaweg 7, CH-7252 Klosters-Dorf
Tel. +41(0)81-423.21.00
Fax +41(0)81-423.21.21
www.sunstar.ch/klosters
klosters@sunstar.ch

Sunstar Hotel Albeina Klosters

Laax

Backpacker Deluxe Hotel Capricorn
Via Cons 405, CH-7031 Laax
Tel. +41(0)81-921.21.20
Fax +41(0)81-921.21.23
www.caprilounge.ch
info@caprilounge.ch

Lenzerheide

Sunstar Hotel Lenzerheide
CH-7078 Lenzerheide
Tel. +41(0)81-385.88.88
Fax +41(0)81-385.88.99
www.sunstar.ch/lenzerheide
lenzerheide@sunstar.ch

Sunstar Hotel Lenzerheide

Oberwald

Hotel Ahorni
CH-3999 Oberwald
Tel. +41(0)27-973.20.10
Fax +41(0)27-973.20.32
www.ahorni.ch
info@ahorni.ch

Hotel Ahorni

Sporthotel Oberwald
Dorfstr., CH-3999 Oberwald
Tel. +41(0)27-9742525
Natel. +41(0)79-7072330
www.sporthotel-oberwald.com
info@sporthotel-oberwald.com

Sporthotel Oberwald

Reichenau-Tamins

Schlosshotel Adler
CH-7015 Reichenau-Tamins
Tel. +41(0)81-641.10.44
Fax +41(0)81-641.24.96
www.adlerreichenau.ch/
info@adlerreichenau.ch

Hotel Adler

Saas-Fee

Ferienart Resort & Spa
CH-3906 Saas-Fee
Tel +41 (0)27 958 1900
Fax +41 (0)27 958 1905
www.ferienart.ch
info@ferienart.ch

Hotel Ferienart

Ferieneck Hohnegg
CH 3906 Saas-Fee
Tel. +41(0)27-957.22.68
Fax +41(0)27-957.12.49
www.hohnegg.ch
welcome@hohnegg.ch

Hotelübersicht entlang der Strecke

Sils im Domleschg

Hotel Campell
Platz 41, CH-7411 Sils i/D
Tel. +41(0)81-651.30.20
Fax +41(0)81-651.10.98
www.hotel-campell.ch

Hotel Campell

St. Moritz

Hotel Stille
Via Surpunt 58, CH-7500 St.Moritz
Tel. +41(0)81-833.69.48
Fax +41(0)81-833.07.08
www.hotelstille.ch
hotel.stille@bluewin.ch

HOTEL SCHWEIZERHOF
Via dal Bagn 54, CH-7500 St. Moritz
Tel. +41(0)81-837.07.07
Fax +41(0)81-837.07.00
TOP
www.schweizerhofstmoritz.ch
reservation@schweizerhofstmoritz.ch

Hotel Schweizerhof

Samedan

Berghotel Muottas Muragl
CH-7503 Samedan
Tel. +41(0)81-842.82.32
Fax +41(0)81-842.82.90
www.muottasmuragl.ch
info@muottasmuragl.ch

Täsch/Zermatt

Hotel-Restaurant Täscherhof
Bahnhofplatz, CH-3929 Täsch
Tel. +41(0)27-966.62.62
Fax +41(0)27-966.62.00
www.taescherhof.ch
info@taescherhof.ch

Tiefencastel

Hotel Albula & Julier
CH-7450 Tiefencastel
Tel. +41(0)81-659.04.00
Fax +41(0)81-659.04.01
www.albula-tiefencastel.com
hotel.albula@bluewin.ch

Zermatt

Hotel Eden - Wellness
Riedstr. 5, CH-3920 Zermatt
Tel. +41(0)27-967.26.55
Fax +41(0)27-967.62.40
www.hotel-eden.ch
info@hotel-eden.ch

Parkhotel Beau Site
Brunnmattgasse 9, CH-3920 Zermatt
Tel. +41(0)27-966.68.68
Fax +41(0)27-966.68.69
www.parkhotel-beausite.ch
info@parkhotel-beausite.ch

TOP

Parkhotel Beau Site

Hotel Sarazena
Bahnhofsplatz 14, CH-3920 Zermatt
Tel. +41(0)27-966.59.00
Fax +41(0)27-966.59.05
www.hotel-sarazena.ch
sarazena.zermatt@bluewin.ch

* Kriterien für die Aufnahme als 'Top-Hotel': 4-5 Sterne und Auszeichnung von Hotel und/oder Restaurant, Wellness-/Golf-Angebot

Hotel Ahorni in Oberwald

Ihr Hotel für Aktivferien im Goms
Ruhig und gemütlich gelegenes *** Hotel mit guter Küche und herzlicher Ambiente. Wir freuen uns auf Ihren Besuch

CH-3999 Oberwald
Tel. +41(0)27-973.20.10
Fax +41(0)27-973.20.32
www.ahorni.ch info@ahorni.ch

Schlosshotel Adler in Reichenau-Tamins

Das traditionsreiche Schlosshotel Adler in Reichenau, majestätisch über dem Zusammenfluss von Vorder- und Hinterrhein gelegen, erreichen Sie bequem in nur wenigen Gehminuten vom RhB-Bahnhof Reichenau-Tamins aus. Umgeben von einer einzigartigen Parkanlage bildet der Adler das eigentliche Herz der imposanten Domäne des Schlosses Reichenau, in dessen Kellerei der Schlossherr Gian Battista von Tscharner zahlreiche ausgezeichnete Weine keltert. Gönnen Sie sich auf Ihrer nächsten Rundfahrt durch Graubünden einen zentralen Etappenhalt in Reichenau und lassen Sie sich nach einer Weinprobe im Schlosshotel Adler kulinarisch verwöhnen.

Schlosshotel Adler – Reichenau – CH-7015 Tamins
Andreas und Monika Stump
CH-7015 Reichenau-Tamins
Tel. +41(0)81-641.10.44, Fax +41(0)81-641.24.96
www.adlerreichenau.ch info@adlerreichenau.ch

HOTEL CHESA ROSATSCH

Ihre Ferienoase direkt am Inn.

Im Herzen von Celerina, direkt am Inn, liegt das charmante Unikat-Hotel Chesa Rosatsch. Hinter den über 300 Jahre alten Mauern erleben Sie Engadin pur. Ihr Gastgeber Ueli Knobel bringt mit seinem jungen Team viel Dynamik in die rustikalen Chesas. 36 stilvoll renovierte Zimmer, das Gourmet-Restaurant «Stüvas» und das Innenhof-Restaurant «La Cuort» mit den beliebten Elsässer Flammechueche, die InnBAR mit vielen erlesenen Single Malt`s sowie die sonnige Gartenterrasse am Fluss laden zum Geniessen und Entspannen ein.

Selbstverständlich werden Sie auf Anfrage gratis am nahe gelegenen Bahnhof abgeholt.

Hotel Chesa Rosatsch
Via San Gian 7
CH-7505 Celerina
Tel. +41 (0)81 837 01 01
Fax +41 (0)81 837 01 00
hotel@rosatsch.ch
www.rosatsch.ch

ENGADIN GOLF HOTEL

Quality. Our Passion.

Glacier-Express und Bernina-Express
sind in Brig/Visp, Andermatt/Göschenen und Chur mit der Schweizer Bundesbahn gut zu erreichen. Ein gut ausgebautes Nahverkehrsnetz von Bussen und Regionalzügen ermöglicht es, fast alle Orte und Sehenswürdigkeiten zu erreichen.

12,90 €

ISBN 978-3-936575-34-7

Walder-Verlag
Krokusweg 1, D-57223 Kreuztal
Tel. +49(0)2732-12741
www.walder-verlag.de

9 783936 575347

Graubünden entdecken

mit der Rhätischen Bahn und dem PostAuto

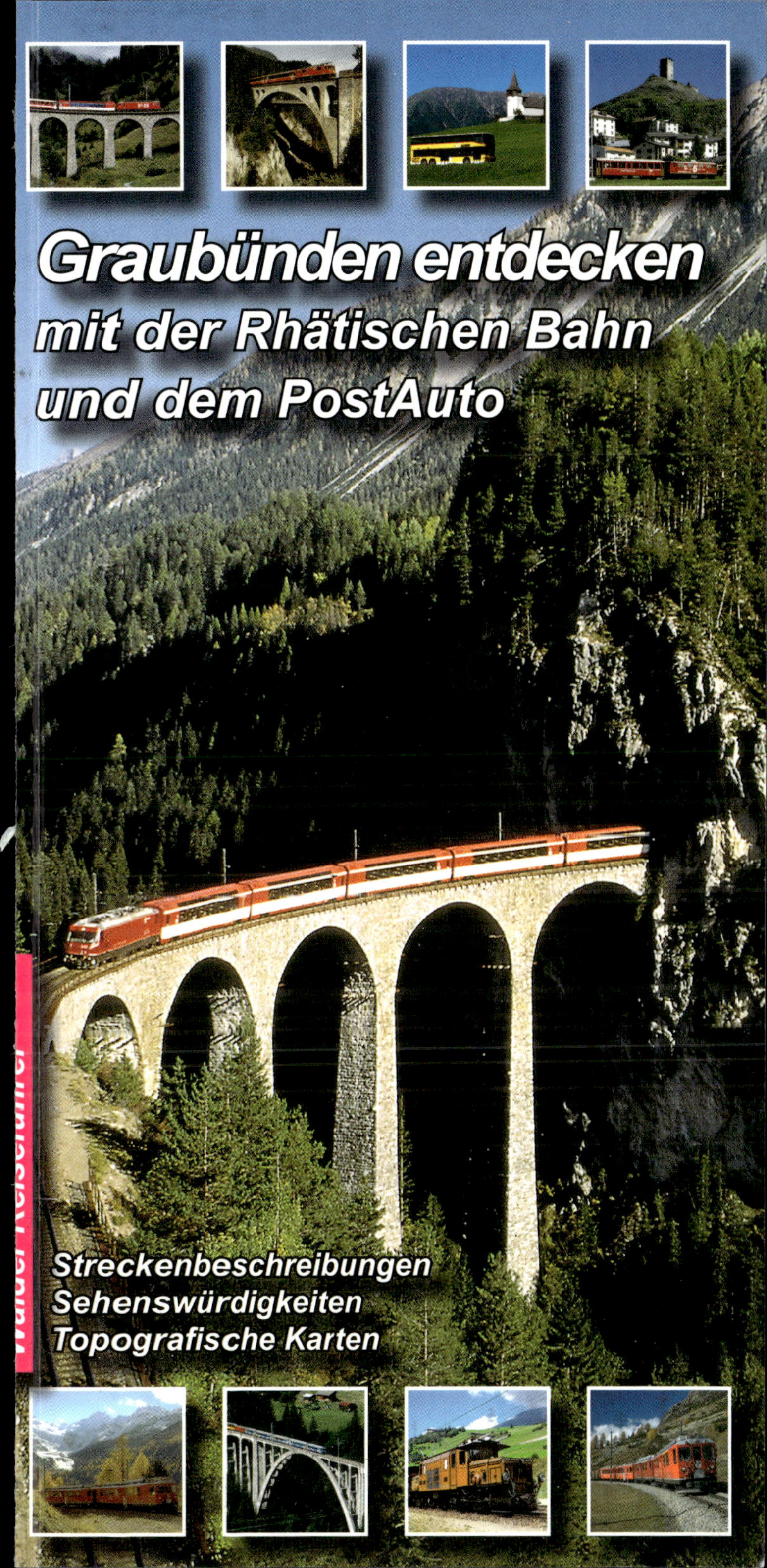

Streckenbeschreibungen
Sehenswürdigkeiten
Topografische Karten

Umschlagfoto: Landwasserviadukt - RhB

Herausgeber und Autor: Achim Walder

Mitarbeiter: Nadine Habbel, Oliver Hönig, Stefan Weh
Redaktion: Ingrid und Achim Walder
Foto: Ingrid und Achim Walder, RhB, PostAuto
Beratung: Jürg Boner - RhB, Alfred Grieger

www.Bildagentur-Walder.de

www.walder-verlag.de

ISBN 3-936575-26-6

ISBN 3-936575-26-6

VORLÄNDER GmbH & Co. KG
BUCH- UND OFFSETDRUCKEREI · VERLAG · WERBEAGENTUR

Obergraben 39 · 57072 Siegen
Telefon (02 71) 59 40-0 · Telefax (02 71) 59 40-354
www.vorlaender.de · info@vorlaender.de

Inhaltsverzeichnis:

Verehrte Reisende,

Sie halten unseren Reiseführer ***'Graubünden entdecken - mit der Rhätischen Bahn und dem PostAuto'*** in Händen. Wir haben für Sie einen Reiseführer zusammengestellt, der sich an den Bahn- und Postautostrecken in Graubünden orientiert.

Der Text gliedert sich in die Streckenbeschreibungen mit vielen technischen Daten, wie Höhe über dem Meer, den Längen von Tunneln und Brücken sowie die Geschichte der Bahnstrecken.
Die Beschreibungen sind am Seitenrand vor dem Text mit farbigen Streifen gekennzeichnet:

- RhB Streckenbeschreibung
- PostAuto Streckenbeschreibung
- Touristische Beschreibung

Aus den vielen Sehenswürdigkeiten die links und rechts der Strecke liegen, wurden neben den spektakulären auch viele weniger bekannte, aber nicht minder sehenswerte Ziele zusammengetragen. Diese sind auf der jeweiligen Karte eingezeichnet.
Mit Hilfe der Anzahl der Sternchen (***, **, *) kann leicht eine Auswahl der wichtigsten und bekanntesten Ziele getroffen werden. Die mit einem Stern oder ohne Stern gekennzeichneten Orte ermöglichen einen umfassenderen Einblick in die Geschichte und Kultur dieser aussergewöhnlichen Region.
Bei der persönlichen Besichtigung fast aller Orte wurden die vorgestellten Objekte eigenhändig fotografiert. Die Auswahl der Fotos stellte eine schwierige Aufgabe dar, denn nicht alle konnten hier Platz finden. Weitere Bilder zur Region finden Sie im Internet unter ***www.walder-verlag.de.***
Trotz aller Sorgfalt und Mühe, die auf diesen Führer verwendet wurden, können Fehler nicht vollständig ausgeschlossen werden. Da wir an der ständigen Verbesserung unserer Reiseführer sehr interessiert sind, würden wir uns über eine e-mail mit Ihren Hinweisen freuen.

Weitere Fotos zu diesem Reiseführer sowie andere bisher erschienene Reise- und Radtourenführer finden Sie unter ***www.walder-verlag.de***

Der Kanton Graubünden

Mit seinen 7100 km^2 Fläche ist Graubünden der grösste Kanton der Schweiz und wird wegen seiner bergigen Landschaft auch das 'Land der 150 Täler' genannt. Gleichzeitig ist Graubünden die grösste und höchstgelegene Ferienregion der Schweiz mit einem breitgefächerten Freizeitangebot.
Doch Graubünden gehört erst seit 1803 zur Schweiz. Die Siedlungsgeschichte der 'Rätischen Alpenrepublik', wie der Kanton auch genannt wird, reicht jedoch viel weiter zurück.
Schon in vorchristlicher Zeit wurden das Engadin und das Bergell besiedelt.
Unter den Römern bis 600 n. Chr. entwickelte sich ein weites Verkehrsnetz mit Handelswegen und Strassen über die Pässe. Vor allem der Septimerpass zwischen Oberhalbstein und Bergell wurde zu einer der wichtigsten Verbindungen zwischen Nord- und Südeuropa.
Im Zuge der Christianisierung errichtete man 451 n. Chr. in Chur den ersten Bischofssitz nördlich der Alpen. Noch heute zählt die Hauptstadt des Kantons mit ihrer 5000 Jahre zurückreichenden Geschichte zu den ältesten Siedlungen der Schweiz.
Ab 536 war Graubünden Teil des Fränkischen Reiches. Später gehörte es dann zum Römisch-Deutschen Reich.
Anfang des 13. Jh. kamen Walser über den Oberalppass in das Vorderrheintal. Auch in fast noch unbewohnten Hochtälern rund um Obersaxen und Davos siedelten sich die Walser an. Da die Walser ihre deutsche Sprache nicht aufgaben, fand damals die Teilung der rätoromanischen Region in verschiedene Sprachgebiete statt. Graubünden hat als einziger Kanton in der Schweiz drei offizielle Amtssprachen: Deutsch, Rätoromanisch und Italienisch
Der Kanton in seiner heutigen Form entstand im Spätmittelalter aus der Vereinigung dreier Bünde. Um sich gegen äussere Einflüsse wehren zu können, hatten sich im Jahr 1367 der Gotteshausbund im Südosten und im Zentrum der Region, der Obere oder Graue Bund 1395 im Westen und der Zehngerichtebund 1436 im Norden gebildet.
Der Wechsel zwischen Bergen und Tälern zeichnet die Landschaft Graubündens aus. Der Kanton erstreckt sich über den östlichen Teil des Gotthardmassivs, das Bergell, das Engadin, die Rätischen Alpen sowie über die Südseite der Glarner Alpen bis zum Oberalppass. Zahlreiche seiner Tallandschaften liegen in einer Höhe von 900 - 2000 m.
Diese abwechslungsreiche Region ist ideal für die verschiedensten Freizeit- und Sportaktivitäten und bietet gleichzeitig viele landschaftliche Sehenswürdigkeiten.
Gletscher bilden bizarre Eiswelten, Felsschluchten prägen wildromantische Landschaften, eine wunderschöne, unberührte Natur zeichnet den Schweizer Nationalpark aus.
Aufgrund seiner Vielfältigkeit wird Graubünden oftmals als 'kleine Schweiz innerhalb der Schweiz' bezeichnet.

Die Rhätische Eisenbahn

Wie die SBB in anderen Teilen der Schweiz erfüllt die Rhätische Bahn im Kanton Graubünden Hauptbahnfunktion. Das 375 km lange Meterspurnetz erschliesst die Haupttäler. Die Strecken der RhB werden unterteilt in das Stammnetz (Einphasen- Wechselstrom), die Bellinzona- Mesocco (BM) und die Berninabahn (BB) (Gleichstrom unterschiedlicher Spannung). Diese Trennung ist historisch gewachsen.

Ge 6/6 414

1872 berief der eingewanderte Holländer Jan Willem Holsboer ein Initiativkomitee zum Bau einer Eisenbahnverbindung von Landquart nach Davos ein. Da eine Normalspurbahn nicht finanzierbar war, wurde eine Schmalspurbahn geplant. 1887 wurde die Konzession für die Bahn erteilt und 1888 die Aktiengesellschaft 'Schmalspurbahn Landquart-Davos' gegründet. Bereits 1890 konnte diese erste Strecke eröffnet werden. Der Betrieb wurde zum grossen Erfolg und veranlasste Planungen für weitere Linien.
Der Sitz der Gesellschaft der Landquart-Davos-Bahn wurde 1890 von Davos nach Chur verlegt. Sie änderte 1895 ihren Namen in 'Rhätische Bahn' um.

Bis 1913 erschlossen der Bau neuer Strecken viele Haupttäler Graubündens. Die Eröffnungen der Strecken folgten in relativ kurzen Abständen: Landquart-Chur-Thusis 1896, die Albulabahn Thusis-Tiefencastel-Filisur-Albula-St.Moritz 1903, die Mesocco-Linie Bellinzona-Mesocco 1907, die Verbindungsbahnen Davos-Filisur 1908, das Streckenstück Samedan- Pontresina 1908, die Berninabahn nach Tirano 1910, die Oberländer-Linie Chur-Ilanz-Disentis 1912. Die letzte Strecke war das Stück Bever-Scuol 1913. Urspünglich waren Fortsetzungen von Scuol nach Landeck in Österreich und von St. Moritz nach Chiavenna geplant. Die veränderte Weltlage nach dem Ersten Weltkrieg und das Aufkommen der Automobile verhinderten die Verwirklichung dieser Pläne. Bis zum Jahr 1922 war das gesamte Netz bereits elektrifiziert.

Rhätische Bahn
Bahnhofstrasse 25, CH-7002 Chur
www.rhb.ch, info@rhb.ch

Die Post in der Schweiz

Erste private Postdienste waren schon im 16. Jh. entstanden, ab 1653 überquerte ein wöchentlicher Botenkurs Mailand - Luzern den Gotthard in 4 Tagen. Die Reiterpost des Berner Postunternehmers Beat Fischer von Reichenbach brauchte 1697 für die Strecke Altdorf - Mailand immer noch 3 Tage. 1805 wurde der Simplonpass als erste europäische Hochalpenstrasse für den Wagenverkehr eröffnet. Zwischen 1821 und 1823 wurden die Bündner Pässe San Bernardino und Splügen für den Wagenverkehr ausgebaut, 1827 - 1830 der Gotthard.

1834 wurde eine Eilpostverbindung Genf - Paris mit einer Fahrzeit von drei Tagen eingeführt. Die Eilkurse verkehrten mit kurzen Zwischenhalten zum Essen, zum Aufsuchen der Toilette und zum Pferdewechsel. Je nach Steigung mussten die Pferde alle zwei bis vier Stunden ausgewechselt werden, nach 15 - 20 Stunden wurde auch der Postillon [Postkutscher] abgelöst. Noch war der sprichwörtliche 'Kantönligeist' aber nicht überwunden: Am Gotthard mussten die Passagiere mit ihrem Gepäck von der Urner auf die Tessiner Postkutsche umsteigen bzw. umgekehrt. Mit der Eröffnung der Eisenbahnstrecke Mailand - Camerlata reduzierte sich die Fahrzeit Basel - Mailand auf 50 Stunden. (Die Gotthardbahn reduzierte die Fahrzeit auf gut 10 Stunden. Heute benötigt ein Intercity / Eurocity - Zug noch 5½ Stunden.)

Postauto am Flüelapass

Postautos
Ab 1904 setzte die Post Lastwagen zum Posttransport ein. 1906 tauchten die ersten Postautos zur Personenbeförderung von Bern in die Vororte auf. Auch heute sind Postautos ein wesentlicher Bestandteil des Konzeptes 'Bahn und Bus 2000' des öffentlichen Verkehrs in der Schweiz.

www.post.ch, postauto@post.ch

Fahrplanauskünfte für Rhätische Eisenbahn und Postauto: www.sbb.ch

Graubünden entdecken - mit der Rhäti

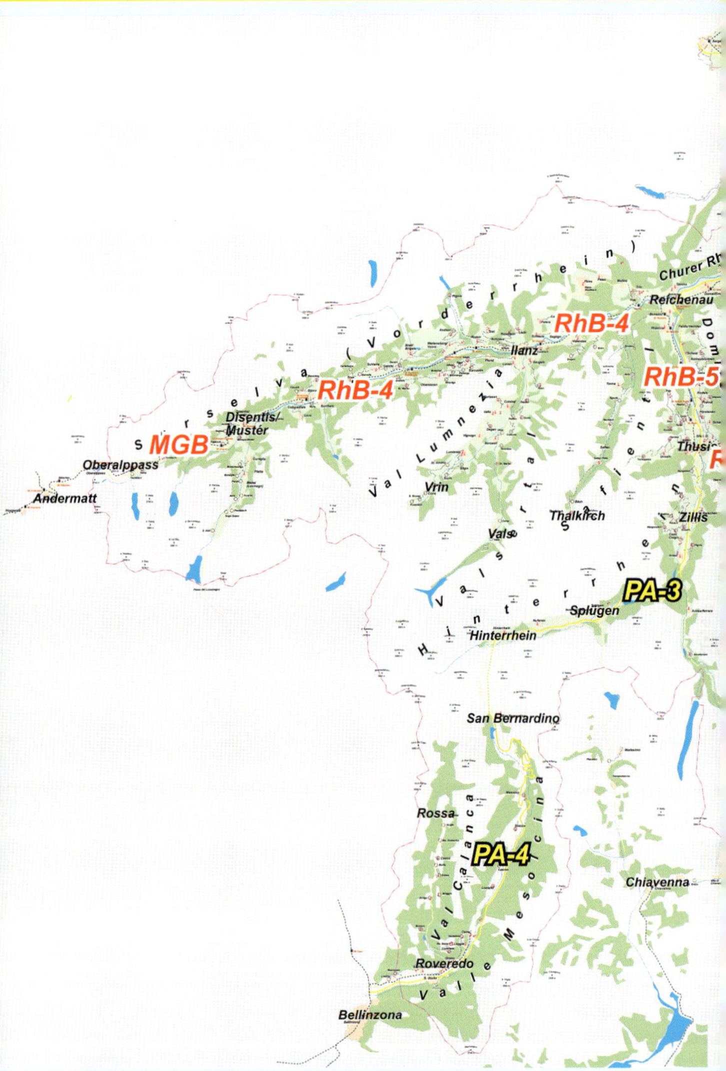

Rhätische Eisenbahn - Streckenübersicht:

RhB-1: Chur - Landquart - Klosters - Davos
RhB-2: Davos - Filisur
RhB-3: Chur - Arosa
RhB-4: Chur - Ilanz-Disentis, Oberländer-Linie
RhB-5: Chur - Thusis - Filisur - St. Moritz
RhB-6: St. Moritz - Zernez - Scuol
RhB-7: St. Moritz/Samedan - Pontresina - Bernina-Pass - Poschiavo - Tirano (Italien)
MGB: Disentis - Oberalp-Pass - Andermatt

en Bahn und dem PostAuto

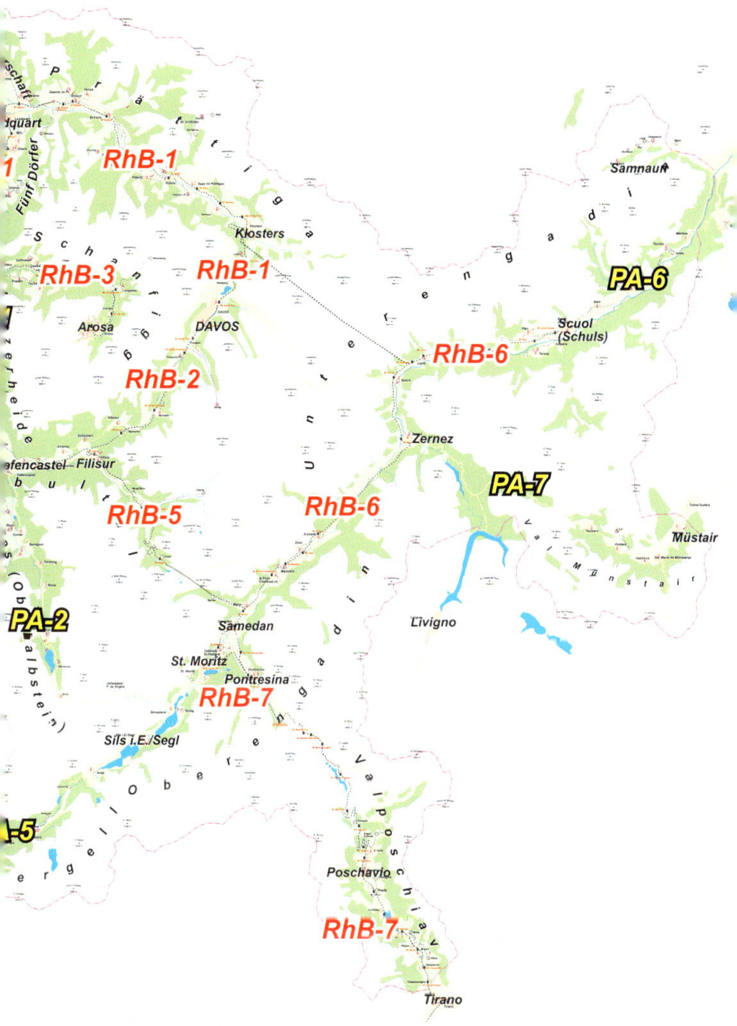

PostAuto - Verbindungen: (Regionalstrecken)
PA-1: Chur - Lenzerheide - Tiefencastel
PA-2: Tiefencastel - Bivio - Julier-Pass - St. Moritz
PA-3: Chur - Thusis - Splügen - San Bernardino-Pass
PA-4: Valle Mesolcina/Val Calanca - Bellinzona
PA-5: St. Moritz - Maloja-Pass - Chiavenna (Italien)
PA-6: Scuol - Samnaun - Landeck (Tirol)
PA-7: Zernez - Val Müstair - Nauders (Südtirol)

Viele weitere Postautoverbindungen erschliessen die kleineren Täler und Orte.

Chur - Landquart - Davos - Filisur

Chur - Landquart - Davos - Filisur

Nach der Gründung der Bahngesellschaft 'Schmalspurbahn Landquart-Davos' am 7. Februar 1888 wurden am 9. Oktober 1889 die 33 km lange Strecke Landquart-Klosters und am 21. Juli 1890 der 17 km lange Abschnitt Klosters-Davos in Betrieb genommen. Die Spurweite beträgt 1 m mit einer Maximalsteigung von 45 Promille. Auf Zahnstangenabschnitte wurde verzichtet. 1895 wurde die Rhätische Bahn gegründet, die das Streckennetz des Kantons übernahm. Die Verbindungsstrecke von Davos-Platz nach Filisur konnte erst am 1. Juli 1909 eröffnet werden.
Dauerte die Bahnfahrt zur Dampflokzeit von Landquart nach Davos Platz 2 Stunden 45 Minuten, so ist heute der Schnellzug nur noch etwas mehr als eine Stunde unterwegs. Die Schönheiten dieser Landschaft sollten trotz kürzerer Fahrzeit bei den Reisenden genügend Aufmerksamkeit finden.

Bahnverbindung: Bf. Chur - Bf. Igis - Bf. Landquart - Bf. Malans

Hbf. Chur (585 m ü.M.)

Chur*** *Als Kantonshauptstadt mit 35.000 Einwohnern präsentiert sich Chur multikulturell und abwechslungsreich. Die älteste Stadt der Schweiz, die auf eine 5000-jährige Siedlungsgeschichte zurückblicken kann, bietet dem Besucher eine grosse Auswahl an Sehenswürdigkeiten. Die* ***Churer Altstadt*** *zeichnet sich besonders durch ihre* ***vielen Zunft- und Bürgerhäuser*** *aus dem 16.-18. Jh. aus. Älter ist dagegen die* ***Kathedrale****, ein beeindruckender romanisch-gotischer Bau aus dem 12./13. Jh. Im* ***Haus Buol*** *ist das* ***Rätische Museum*** *untergebracht. Weitere bedeutende Museen sind das* ***Bündner Kunstmuseum****, das mittlerweile rund 6000 Arbeiten umfasst, und das* ***Bündner Naturmuseum****. Ausserdem sind Besuche des* ***Kulturforums Würth****, der Didaktischen Ausstellung Urgeschichte und des* ***Weinbaumuseums****, das sich in einem 400 Jahre alten Neubruchtorkel befindet, sehr lohnenswert. Für Naturinteressierte bietet sich ein Ausflug auf den* ***Schaubauernhof Plankis*** *an. Vor dem 'Neuen Gebäude', einem repräsentativen Haus aus dem Jahr 1752, befindet sich das* ***Vazerol-Denkmal****, das an die Vereinigung der Drei Bünde*

Panorama, Chur

Altstadt, Chur

erinnert. Zu den bemerkenswerten Bauten von Chur gehören das 1538 an der Südseite der Stadt errichtete ***Obertor****, das* ***Rathaus*** *von 1464 mit der gotischen Balkendecke im Grossen Ratssaal, die* ***St.-Luzius-Kirche****, die Mosaikbilder von Hans Baumhauser beherbergt, sowie die* ***spätgotische Kirche St. Martin*** *aus dem späten 15. Jh. Kopien der Überreste des römischen Chur können bei den* ***Römischen Ausgrabungen*** *bewundert werden.*

=> Die Strecke verlässt den Bahnhof Richtung Norden. Rechts liegen die Abstellgleise der Chur-Arosa-Bahn. Die Gleise der Rhätischen Bahn und der SBB verlaufen im breiten Rheintal zunächst parallel. Über dem nördlichen Rheinufer erhebt sich der mächtige Calanda-Bergzug.

Rechts erscheint die Kirche von Masans, dahinter der Berg 'Rote Platte'. Die Fahrt führt durch den Kreis der 'Fünf Dörfer' an der alten Deutschen Strasse von Bregenz und Zürich zum Julier- und Splügen-Pass.

Bf. Haldenstein (562 m ü.M.)

Haldenstein** *Das Gebiet von Haldenstein war seit prähistorischer über römische und frühmittelalterliche Zeit besiedelt. Trotz zahlreicher Brände konnte sich das Dorf ein bedeutendes Ortsbild bewahren mit* ***Schloss Haldenstein****, das 1544-48 prunkvoll erweitert wurde. Ausserdem haben sich die Reste der* ***Burgruine Lichtenstein*** *und die imposante* ***Burgruine Haldenstein*** *aus dem 12. Jh. erhalten. Die* ***Ref. Kirche*** *ent-*

Schloss Haldenstein, Innenhof, Haldenstein

stand 1732 unter Einbezug von Bauteilen eines Vorgängerbaus.

=> Nach Verlassen des Bahnhofs sind links auf der anderen Rheinseite die **Burgruine Haldenstein** und das **Schloss Haldenstein** sowie die **Ruine Lichtenstein** zu sehen, die die Fernstrasse nach Italien sicherten.

Bf. Trimmis (541 m ü.M.)

Trimmis* *Schon im 8. Jh. war 'Tremune', wie Trimmis damals romanisch genannt wurde, ein Dorf mit eigener Kirche. Das heutige Gebäude der* **Kath. Pfarrkirche St. Carpophorus** *stammt aus dem 14. Jh. Die* **Ref. Kirche** *errichtete man nach einem Dorfbrand 1764 neu. Von den* **Ruinen Ober-Ruchenberg** *aus dem 13. Jh. und* **Alt-Aspermont** *sind nur noch wenige Reste zu sehen.*

=> Die Reste der **Burg Alt-Aspermont** sind rechts auf der Anhöhe erkennbar.

Says. *Auf einer sonnigen Hangterrasse über dem Rheintal bietet das Dorf herrliche Ausblicke von der* **Rheinschlucht** *bis nach Sargans. Seit 1986 gibt es auch eine Kirche in der Ortschaft. Bekannt ist die Orgelwerkstatt von Arno Caluori.*

Bf. Untervaz (537 m ü.M.)

Untervaz* *Schon bei der ersten urkundlichen Erwähnung 831 existierte in Untervaz eine* **Laurentius-Kirche**. *Heute noch stammt der Unterbau der* **Kath. Pfarrkirche St. Laurentius** *aus dieser Zeit. Die* **Ref. Kirche** *ist dagegen ein Bauwerk aus dem Jahr 1700. Weitere Sehenswürdigkeiten sind die Reste der um das Jahr 1300 errichteten* **Neuburg**, *die* **Höhlenburg Rappenstein**, *die in der Cosenzschlucht liegt, und die Überreste der* **Burg Friewis** *auf einem Hügel am linken Rheinufer.*

=> Auf der anderen Rheinseite liegt Untervaz mit der **Ruine Neuburg**. Die Strecke überquert die SBB-Linie und führt unter der Autobahn hindurch.

Neuburg, Untervaz

Bf. Zizers (531 m ü.M.)

Zizers** *Zu den historisch bedeutenden Bauten zählen das* **Untere Schloss - St. Johannisstift** *und das* **Obere Schloss**. *Beide Anwesen werden auf das späte 17. Jh. datiert. Die* **Ev. Kirche St. Andreas** *erhielt ihr heutiges Aussehen 1711. Bei der* **Kath. Kirche St. Peter und Paul** *ist das Untergeschoss des Turms von der* *ersten romanischen Kirche erhalten. Bis heute prägen die Überreste der* ***Burg Friedau*** *aus dem 13. Jh. das Weinbaudorf. Als ältestes Gebäude von Zizers sei das* ***Haus zur Glocke****, das ehemalige Rathaus des Kreises, genannt.*

Unteres Schloss, Zizers

=> Nun verlässt der Bahnkörper der RhB nach rechts die SBB-Strecke.

Bf. Igis (523 m ü.M.)

Igis* *Das historisch bedeutsamste Bauwerk von Igis ist das* ***Wasserschloss Marschlins****. Errichtet wurde das Anwesen im 13. Jh. als Stammsitz der Familie Salis-Marschlins. Die* ***Ref. Kirche*** *wurde Ende des 15. Jh. vergrössert. Das* ***Grosshaus*** *stammt von 1592. Hoch über dem Tal ist die* ***Burgruine Falkenstein*** *erkennbar. Im 12. - 14. Jh. war sie eine umfangreiche Burganlage.*

Wasserschloss Marschlins, Igis

=> Mit Landquart bildet Igis eine Gemeinde. Die Fahrt führt zunächst am Industriegebiet von Landquart, dann am Lokomotivdepot und den Werkstätten der Rhätischen Bahn vorbei. Diese Anlagen wurden 1974 - 76 vergrössert und modernisiert. So entstand u. a. eine neue 140 m lange Einstellhalle speziell für die neuen Triebwagen-Pendelzüge.

Bf. Landquart (523 m ü.M.) Der Bahnhof dient als Umsteigebahnhof zwischen SBB und Rhätischer Bahn. Nach der Überquerung der Landquart biegt die Strecke nach Osten ab und verlässt das Rheintal.

Bf. Malans (536 m ü.M.)

Malans* *Das 'stattlichste Dorf Nordbündens' beherbergt auch zahlreiche historische Gebäude. Die Burgruine Klingenhorn wurde einst als Wehranlage errichtet, die Mauerreste*

Schloss Bothmar, Malans

*der **Burgruine Wynegg** stammen zum Grossteil vom Neubau aus dem 17. Jh. Ausserdem gibt es zahlreiche **stattliche Herren- und Bürgerhäuser** aus dem 17.-19. Jh. sowie das repräsentative Gebäude des **Schlosses Bothmar** zu bewundern. Die reaktivierte **Älplibahn** wurde ursprünglich im Zweiten Weltkrieg gebaut.*

Postautoverbindungen: Bf. Malans - Maienfeld - Jenins - Fläsch

Fläsch* *Der Ort liegt abseits der Fernstrassen, blieb aber von Zerstörungen nicht verschont. Von der **ehem. Wehranlage** aus dem 13. Jh. haben sich nur wenige Reste erhalten. Aus dem 18./19. Jh. stammt die **Festung St. Luzisteig**. Die **Kirche St. Luzius** entstand 1457, die **Ref. Kirche***

St. Luzius, Fläsch - Luzisteig

von 1480 besitzt im untersten Turmgeschoss Wandbilder von 1500.

Jenins* *Sehenswert sind die **Ev. Kirche**, in deren Turmkuppel sich ein altes Archiv befindet, und das **Sprecher Haus** aus dem späten 17. Jh. Die Herren von Aspermont liessen die **Burg Neu-Aspermont** im 13. Jh. erbauen, von der nur noch eine Ruine erhalten ist.*

Maienfeld** *Der Ort, 831 erstmals urkundlich erwähnt, war bereits im 11./12. Jh. befestigt worden und erhielt im*

Schloss Salenegg, Maienfeld

Mittelalter die Markt- und Stadtrechte. Die Ursprünge von ***Schloss Brandis*** *reichen bis in das 10. Jh. zurück. Die* ***St.-Amandus-Kirche*** *mit der wertvollen Orgel und die* ***Bruder-Klaus-Kapelle*** *sind zwei sehenswerte Gotteshäuser.* ***Schloss Salenegg*** *ist ein prachtvolles Herrenhaus, das heute ein Weingut beherbergt. Weitere historische Bauten sind das Rathaus mit holzgetäfelter Ratsstube und* ***Bürger- und Patrizierhäuser****. Das* ***Heidi-Dorf*** *mit einem kleinen Museum und dem Heidibrunnen erinnert an die Schriftstellerin Johanna Spyri.*

Mastrils* *Das am Hang liegende Dorf wurde erst Ende des Mittelalters besiedelt. Die Ev. Kirche entstand 1614. Daneben ist die* ***Kath. Kirche Hl. Antonius von Padua*** *auf dem 'Chilchabüel' zu besichtigen. Die Ursprünge des Hauses mit dem Restaurant Tardisbrugg reichen bis in die Zeit um 1530 zurück.*

Klus, Eingang zum Prättigau

=> Die **Engstelle 'Klus'** war schon im Mittelalter befestigt. Sie schützte den Eingang ins Prättigau. Seit 1963 durchquert die Bahn im Klus-Tunnel (984 m) den Felsriegel. Auch die Hauptstrasse verschwindet heute in einem Tunnel, nur die alte Strasse und der Fluss zwängen sich noch durch die enge Schlucht mit 200 m hohen Felswänden aus schwarzem Schiefer. Weiter geht die Fahrt entlang der Landquart ins Prättigau, das im Norden durch die Silvrettagruppe und im Süden von der Hochwangkette eingeschlossen wird.

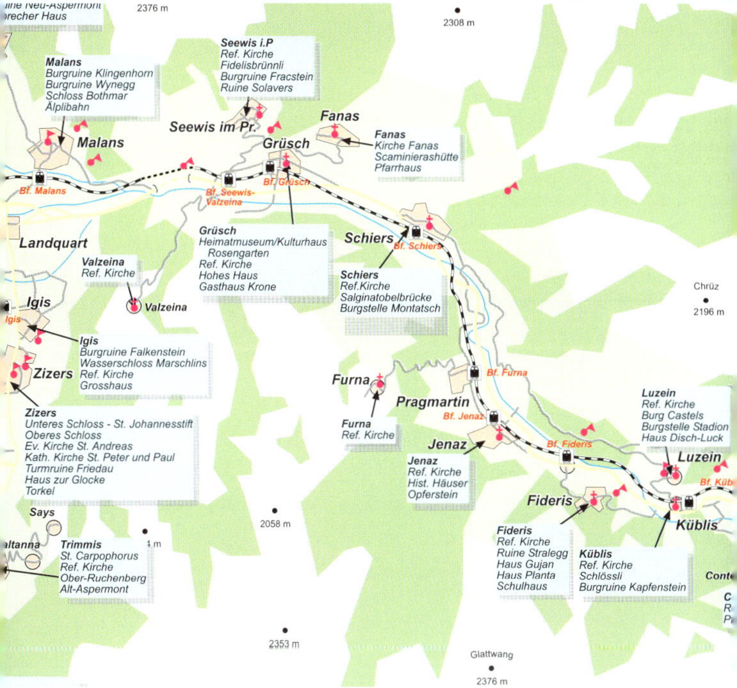

Prättigau** *Die markante Felsenge der Klus riegelt das Prättigau nach Westen zum Rheintal hin ab. Das Prättigau war seit frühester Zeit zumindest zeitweise besiedelt, wie Funde aus der Bronze- und Eisenzeit bei Schiers belegen.*

Bahnfahrt: Bf. Seewis - Bf. Saas - Bf. Klosters

Bf. Seewis-Valzeina (593 m ü.M.)

Seewis i.P.* *Der heilklimatische Kurort beherbergt ein grosses Rehabilationszentrum für Herzpatienten. Interessante Sehenswürdigkeiten sind die* ***Burgruine Fracstein*** *unter überhängenden Felsen der Klus und die* ***Ruine Solavers****, eine rätische Kirchenburg. Die* ***Ref. Kirche*** *wurde von 1754 bis 1759 erbaut und mit einer wertvollen Kanzel ausgestattet. Unterhalb der Kirche von Seewis befindet sich das* ***'Fidelisbrünnli'****.*

Ref. Kirche, Seewis

Postautoverbindung: Bf. Seewis - Valzeina.

Valzeina. *Das typische Walserdorf mit den verstreut liegenden Höfen wurde seit dem 14. Jh. vom Prättigau aus besiedelt. Es haben sich noch viele Häuser in ursprünglicher Strickbauweise erhalten. Sehenswert ist die* ***Ref. Kirche****, in deren Untergeschoss des Turms sich ein Altarraum in halbrunder gerade hintermauerter Apsis befindet, der noch aus dem 1. Jahrtausend stammen soll.*

=> Bei der Weiterfahrt wird links die zerfallene mittelalterliche Kirchenburg Solavers erkennbar.

Bf. Grüsch (630 m ü.M.)

Grüsch** *Das Dorf wird 1116 urkundlich genannt. Kulturelles Zentrum ist das* ***Heimatmuseum/ Kulturhaus Rosengarten****. Interessant ist die* ***Ref. Kirche****, deren Turm und Schiff durch eine Strasse getrennt sind. Ein markantes Gebäude ist das Hohe Haus von 1590. Als ältestes Bauwerk sei das 1537 errichtete* ***Gasthaus Krone*** *genannt.*

Gasthaus Krone, Grüsch

Postautoverbindung: Bf. Grüsch - Fanas

Fanas. *Das Terrassendorf ist eine Walsersiedlung mit gut erhaltenen Holzhäusern. Die* ***Kirche Fanas*** *stammt aus dem Jahr 1755 und prägt den Kern des Ortes. Als Doppelhaus aus Stein und Holz präsentiert sich das* ***Pfarrhaus*** *von 1677.*

=> Der Zug fährt im breiten Tal zum Hauptort des Vorderprättigaus.

Bf. Schiers (654 m ü.M.)

Schiers* *Zu den Sehenswürdigkeiten zählen die* ***Ref. Kirche****, die auf mehrere Umbauten und Wiederherstellungen zurückblickt, die beeindruckende* ***Salginatobel-Brücke*** *aus den Jahren 1929/30, und die für ihre reich bemalten spätgotischen Leistendecken bekannte Ref. Kirche in Schuders. Die* ***Burgstelle Montatsch*** *erinnert nur noch mit wenigen Mauerresten an die frühere Wehranlage.*

=> Jetzt beginnt wieder ein interessanter Streckenabschnitt. Zunächst muss der 'Fuchsenwinkel' durchquert werden, eine Talengstelle. Die Bahn wechselt auf die Südseite des Tals und durchfährt die steil abfallende Bergwand im 1978 eröffneten Fuchsenwinkel-Tunnel (786 m). Früher verlief die Bahn durch einen kleineren Tunnel im engen Tal.

Bf. Furna (715 m ü.M.)

Furna. *Die Walsersiedlung mit charakteristischen Hofanlagen und der weissen Kirche liegt 650 m hoch über dem Tal. Die um 1500 erbaute* **Ref. Kirche** *weist ein schönes Netzgewölbe und eine spätgotische Leistendecke auf.*

=> An der stetig ansteigenden Strecke sehen wir vor dem nächsten Bahnhof ein Holz verarbeitendes Unternehmen, sichtbarer Ausdruck des Holzreichtums des Prättigaus.

Bf. Jenaz/Fideris (732 m ü.M.)

Jenaz* *Zahlreiche* ***imposante Prättigauhäuser****, die sog. Historischen Häuser, bilden das* ***beeindruckend geschlossene Dorfbild*** *des seit 1200 zu Chur gehörigen Orts. Die Ref. Kirche, die nördlich vom Turm errichtet wurde, stammt aus dem Jahr 1483. Auf der* ***Alp Arflina*** *kann man einen* ***kreisrunden Opferstein*** *bewundern.*

Hist. Schulgebäude, Jenaz

=> Die Strecke führt nun durch eine Felsschlucht. Links oben am Hang liegt das Dorf Putz mit der Ruine der Zwingburg Castels, die von den Bündnern zerstört wurde, auf der rechten Seite, auf dem bewaldeten Höhenrücken, die Ruine Stralegg. Nun wird das Tal wieder weiter. Nach Überqueren des Flusses verläuft die Bahn bis Klosters auf der nördlichen Talseite.

Bf. Küblis (810 m ü.M.)

Küblis* *Der Hauptort des mittleren Prättigaus wurde 1351 erstmals urkundlich erwähnt. Trotz der kunsthistorisch interessanten* ***spätgotischen Ref. Kirche*** *von 1491 und dem* ***'Schlössli'', einem Patrizierhaus*** *von 1687, war das Dorf eines der ärmsten im Tal. In Küblis kann man ausserdem die* ***Burgruine Kapfenstein*** *(Ober-Sansch) bewundern. Die Zentrale der Bündner Kraftwerke in Küblis versorgt die Rhätische Bahn mit Strom.*

Postautoverbindung: Bf. Küblis - Luzein - St. Antönien - St. Antönien-Ascharina - Fideris - Conters i.P.

Luzein* *Weit verstreut liegen die Fraktionen der Gemeinde*

Chur - Landquart - Davos - Filisur

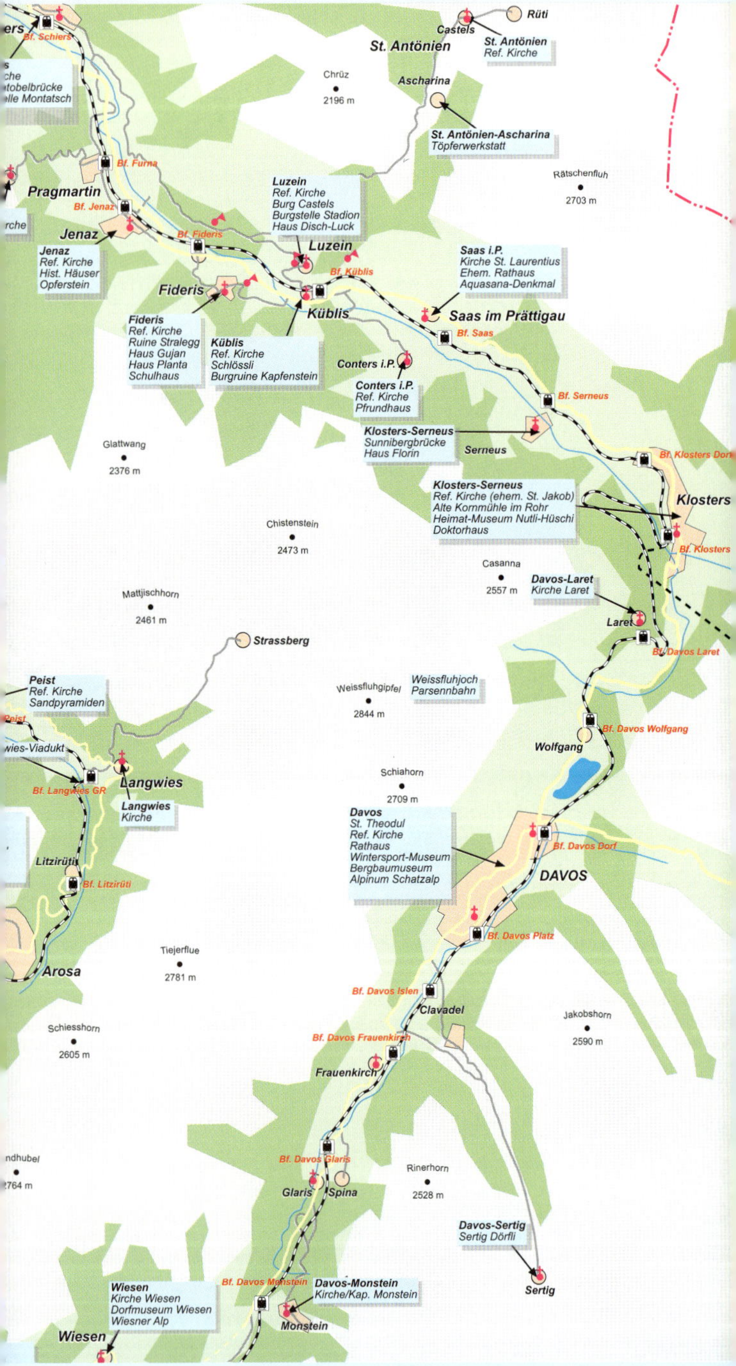

Luzein. Die ***Ref. Kirche Luzein*** *stammt mit ihren ältesten Teilen aus dem Jahr 1222, während das mächtige* ***Haus Disch-Luck*** *1633 erbaut wurde. An die* ***Burgstelle Stadion*** *erinnern Mauerreste am Ostrand des Dorfes. Auf dem Weg von Luzein in Richtung des Weilers Putz befinden sich die* ***Ruinen der Zwingburg Castels*** *aus dem 12. Jh.*

Burgstelle Stadion, Luzein

St. Antönien. *Der Name des Tals, in dem die* ***Ref. Kirche*** *von 1493 mit dem alten Kirchturm aus der Mitte des 14.Jh. steht, leitet sich von einer im hinteren Gafiatal gelegenen* ***Erzgrube 'Zum Hl. Antonius'*** *ab.*

St. Antönien-Ascharina. *Die* ***kleine Walsersiedlung*** *verfügt nicht einmal über eine Kirche, einen Laden oder eine Schule. Aber die* ***Töpferwerkstatt****, die 1790-1898 das Tal mit Ofenkacheln und Geschirr in typischen Farben und Dekoren versorgte, ist einen Besuch wert.*

Haus Planta, Fideris

Fideris* *Gleich am Eingang zu einem schluchtartigen Seitental liegt das idyllische kleine Dorf mit der* ***Ref. Kirche*** *von 1443, dem* ***schmucken Haus Gujan****, dem Schulhaus mit der ältesten Glocke des Prättigaus und dem* ***ehem. Badhuus Haus Planta****. Ausserdem liegt hier die* ***Ruine Stralegg****, die im 13. Jh. als Wehranlage errichtet wurde.*

Conters i.P.* *Bis zum Ende des 15. Jh. gehörte die Gemeinde kirchlich nach Saas. 1780 wurde das* ***'Pfrundhus'****, das aussen bis unters Dach Bemalungen und Sprüche aufweist, erbaut und gemeinsam mit Küblis ein Pfarrer angestellt. Der Gemeindeverbund besteht bis heute. Unterhalb des Dorfes befindet sich die 1491-1518 erbaute* ***Ref. Kirche****.*

=> Bis zum nächsten Bahnhof sind 125 Höhenmeter zu überwinden. Es geht durch den Küblis-Tunnel (215 m) und den Saas-Tunnel (88 m) stetig bergauf.

Bf. Saas (935 m ü.M.)

Saas i.P.* *Auf einer Sonnenterrasse entstand im 13. Jh. das Dorf mit seinen* ***schönen Holzhäusern****. Ferner können das* ***ehem. Rathaus*** *mit Fassadenmalereien, die Anfang des 16. Jh. errichtete* ***Kirche St. Laurentius*** *und das* ***Aquasana-Denkmal*** *besichtigt werden.*

=> Nach Saas werden den Hexen- und Reutlandtobel überquert. Inzwischen hat die Strecke über 1000 m ü.M. erreicht.

Pfrundhaus, Conters

Saas im Prättigau, Ortsansicht

Sunnibergbrücke

Bf. Serneus (1028 m ü.M.) Auf der linken Seite liegt der Ortsteil Mezzaselva. Weiter geht es in einer weiten Kurve nach Osten, bevor der nächste Bahnhof erreicht ist.

Bf. Klosters Dorf (1124 m ü.M.). Schon ist das Ende des Tals mit dem bekannten Wintersportort zu erkennen.

Bf. Klosters (1191 m ü.M.)

Klosters-Serneus* *Die Ursprünge des Ortes Klosters gehen, wie auch aus dem Namen ersichtlich wird, auf das Jahr 1220 zurück, als das* ***Kloster vom heiligen Jacobus und Christophorus*** *gegründet wurde. Von diesem Prämonstratenserkloster ist noch der Kirch-*

turm erhalten, der heute aber zur ***Ref. Kirche*** *gehört. Lohnenswert ist ein Besuch der* ***Alten Kornmühle*** *im Rohr und des* ***Heimat-Museums Nutli-Hüschi****, das in einem* ***Prättigauer Bauernhaus*** *aus dem 16. Jh. untergebracht ist. Als markante Bauwerke gelten die 526 m lange* ***Sunnibergbrücke*** *und der Vereinatunnel, der Klosters mit dem Unterengadin verbindet. Ausserdem befinden sich in der Gemeinde das* ***Doktorhaus*** *von 1680, die bereits 1480 erwähnte* ***Ref. Kirche*** *und das* ***stattliche Holzhaus Florin****.*

Ref. Kirche, Klosters-Serneus

=> Direkt hinter der Bahnhofsausfahrt verzweigt sich die Bahnlinie. Die alte Strecke führt über Davos weiter nach Filisur, wo sie auf die Albulalinie trifft. Die neue Strecke verläuft durch den Vereina-Tunnel ins Unterengadin.

Ref. Kirche, Klosters

Vereinatunnel. Bei Klosters beginnt die Vereina-Linie mit der neuen, rund 80 m langen Brücke über die Landquart. Die Gleise führen in den neuen, rund 2160 m langen Zugwaldtunnel zur Autoverladestation Selfranga.

Der 19 km lange ***Vereinatunnel*** *wurde 1999 eröffnet und stellt eine neue Verbindung zwischen Klosters und dem Unterengadin her. Mit der Autoverladung besteht eine vom Winter unabhängige Alternative zum Flüelapass. Durch die Vereina-Linie erhielten die Randgebiete Graubündens wie das Unterengadin und das Münstertal eine wintersichere Verbindung zur Kantonshauptstadt Chur.*

Zugverbindung durch den Vereinatunnel ins Unterengadin.

Bahnfahrt: Klosters - Davos - Filisur

=> Vom Bf. Klosters zum übernächsten Bahnhof sind weitere 434 Höhenmeter zu überwinden. Möglich wurde dies nur mit einer künstlichen Streckenverlängerung am Nordosthang des Gotschnagrat, da ein Zahnstangenabschnitt vermieden werden sollte und die begrenzte Zugkraft der damaligen Dampfloks zu berücksichtigen war. Zuerst gab es Spitzkehren mit Richtungswechsel. Klosters war bis zur Neuverlegung der Strecke Kopfbahnhof. Die alte Eisenbahnbrücke über den Fluss ist heute Fussgängerbrücke.

Nun fährt der Zug in einer Rechtskurve in den Klosters-Kehrtunnel (399 m) in nordwestlicher Richtung mit 45 Promille Steigung. Gegenüber am Hang liegt Klosters-Dorf, überragt vom Madrisahorn und der Saaser Calanda. Im Cavadürli-Kehrtunnel (334 m) geht es wieder nach Südosten.

Bf. Cavadürli (1352 m ü.M.) Dieser Bahnhof dient als Ausweichstelle. Auf der Weiterfahrt erst unter den Seilen der Gotschnagrat-Bahn hindurch bietet sich nach links ein weiter Ausblick bis zu den Gletschern der Silvretta.

Bf. Cavadürli

Bf. Davos Laret (1521 m ü.M.)

Laret. *Die **romantische Kirche Laret** am Schwarzsee aus dem Jahr 1793 weist schöne Farbfenster auf.*

=> Vorbei am kleinen Schwarzsee (links) geht die Fahrt weiter durch Tannen- und Lärchenwälder. Rechts kommt die Alp Parsenn mit den grossen Lawinenverbauungen ins Blickfeld.

Bf. Davos-Wolfgang (1625 m ü.M.) Dieser Bahnhof liegt auf dem höchsten Punkt der Strecke zwischen Landquart und Filisur. Die Fahrt verläuft nun am linken Seeufer des Davoser Sees, der als Staubecken für die Bündnerischen Kraftwerke in Klosters und Küblis dient. Rechts oberhalb ragt die Weissfluh auf.

See bei Davos-Wolfgang

Nach links führt das Tal zum Flüelapass. Schon in vorrömischer Zeit wurde die Verbindung ins Engadin über den 2.383 m ü.M. liegenden Pass benutzt.

Bf. Davos-Dorf (1560 m ü.M.)

Davos** *Europas grösster Bergferienort ist vor allem für seine zahlreichen Wintersportmöglichkeiten bekannt. Doch auch historische Bauten und Museen sind hier in einer grossen Vielzahl präsent. Zahlreiche **ref. Kirchen, wie St. Theodul** aus dem 14. Jh., die **St.-***

St. Theodul, Davos

Nikolaus-Kirche, *die* ***Ref. Kirche****, von der noch der Unterbau des Turms aus dem 13. Jh. erhalten ist, und die Ref. Kirche aus der Zeit um 1500 weisen sehenswerte Bauteile und Ausstattungen auf. Im Rathaus von Davos ist die* ***'Grosse Stube'*** *mit hölzerner Kassettendecke sehr beeindruckend. Zu den zahlreichen Museen in Davos gehören das* ***Kirchner-Museum*** *mit der weltweit grössten Sammlung der Werke des expressionistischen Malers, ein* ***Wintersport-Museum****, das* ***Spielzeugmuseum*** *mit Spielsachen aus drei Jahrhunderten sowie das* ***Bergbaumuseum*** *und das* ***Heimatmuseum****. Die* ***Parsennbahn,*** *seit 1932 in Betrieb, bringt die Besucher auf das* ***Weissfluhjoch.***

=> Auf der Fahrt durch Davos zum nächsten Bahnhof sind rechts und links viele Chalets und grosse Hotels zu sehen.

Bf. Davos Platz (1540 m ü.M.)

Davos Platz* *Auf der* ***Alpinum Schatzalp**** *sind über 10.000 Pflanzen zu bewundern. Etwa 800 Arten aus den Gebirgen der ganzen Welt wurden hier angepflanzt.*

Davos Frauenkirch

=> Nun folgt die Bahnstrecke der Landwasser, die sie auch gleich überquert. Der Blick zurück fällt auf Weissfluh, Schiahorn, Strelahorn und Küpfenfluh.

Bf. Davos Frauenkirch (1505 m ü.M.)

Postautoverbindung: Bf. Davos-Platz - Sertig Dörfli

Sertig Dörfli** *Das kleine malerische Dörfchen in einem Seitental gilt mit seinen* ***Holzhäusern*** *und dem kleinen* ***Kirchlein*** *als typisch für diese Gegend.*

=> Das Tal wird enger und die Strecke wechselt auf die andere Talseite. Links liegt Spinabad mit seiner erdigen Schwefelquelle.

Sertig Dörfli, Davos

Bf. Davos Glaris (1454 m ü.M.) Taverna-Tunnel (318 m) und Rotschtobel-Tunnel (200 m) wurden beide zum Schutz der Bahn vor niedergehenden Lawinen angelegt.

Bf. Davos Monstein (1346 m ü.M.) Der Ort liegt links oberhalb am Hang, 300 m über der Station.

Kapelle, Davos-Monstein

Monstein. *Im **hist. Bergbaumuseum** sind alte Bergbauutensilien, Pläne und Dokumente, Modelle und Fotos ausgestellt. Im Silberberg oberhalb des Museums befindet sich ein **Schaubergwerk**. In Monstein stehen **Kirche** und **Kapelle Monstein**.*

=> Durch die wildromantische Zügenschlucht mussten für die Bahn bis zum Bahnhof Wiesen 7 Tunnel und 6 Brücken gebaut werden. Der Silberberg-Tunnel (964 m) und der Bärentritt-Tunnel (969 m) sind davon die längsten. Nahe den ehemaligen Erzgruben bei Brombenz quert die Strecke die Landwasser und führt in den Brombenz-Tunnel.

Bf. Wiesen (1197 m ü.M.)

Wiesen** *Das bekannte Feriendorf liegt hoch auf einer Sonnenterrasse zwischen Davos und Lenzerheide und wurde vor über 600 Jahren von Walsern gegründet. Zu den Sehenswürdigkeiten*

Dorfansicht, Wiesen

zählen die ***spätgotische Kirche Wiesen*** *mit der schönen Rokoko-Orgel von 1774, das im* ***Haus zum 'süessa Wichel'*** *untergebrachte* ***Dorfmuseum*** *und das aus Bruchstein und Gewölbemauerwerk gefertigte* ***Wiesen-Viadukt****, das die* ***Zügenschlucht*** *überquert. Von der Wiesner Alp bietet sich eine einzigartige Panoramasicht.*

=> Direkt hinter dem Bahnhof spannt sich der berühmte ***Wiesen-Viadukt*** über die Schlucht. Durch fünf Tunnel und über zwei Viadukte geht die Fahrt weiter bis Filisur. Das imposante Landwasser-Viadukt der Albula-Linie zeigt sich kurz zwischen den dichten Waldbeständen. In einer Linkskurve verläuft die Strecke zum Bahnhof.

Bf. Filisur (1080 m ü.M.)

Hier trifft diese Bahnlinie auf die Strecke Chur-Filisur-St. Moritz. Die Verbindungen nach Chur oder St. Moritz sind fahrplanmässig gut abgestimmt.

Es bietet sich auch ein kurzer Fussweg zum Fotoaussichtspunkt über dem Landwasser-Viadukt an.

Alter Weg bei Bärentritt (aus dem Zug)

Wiesen-Viadukt

Chur - Arosa (Schanfigg)

Der Bau dieser Strecke gestaltetet sich infolge der geologischen Beschaffenheit des Geländes, besonders durch die zu Rutschungen neigenden Talhänge, sehr aufwändig und erforderte viele Brücken und Tunnel. Auf einer Streckenlänge von 25,6 km ist mit reinem Adhäsionsbetrieb (keine Zahnstange) eine Höhendifferenz von 1155 m zu bewältigen. 1914 war die Eröffnung der Chur-Arosa-Bahn, 1942 fusionierte sie mit der Rhätischen Bahn. Die Bahnlinie wurde von Anfang an mit Gleichstrom elektrisch betrieben. 2002 wurde das Stromsystems an das übrige Netz (Wechselstrom 11 kW 16 2/3 Hz) angeglichen, was einen freizügigen Einsatz aller Fahrzeuge ermöglicht. Die Arosabahn wird von der Zugleitstelle in Chur ferngesteuert.

Hbf. Chur *(585 m ü.M.)* Diese Bahnstrecke beginnt auf dem Bahnhofsvorplatz wie eine Strassenbahn und führt Richtung Süden auf der Engadiner Strasse zwischen dem Autoverkehr hindurch. Am ***Obertor der Stadtbefestigung*** erreichen

ArosaExpress vor dem Bahnhof Chur

wir die Plessur, der wir durch das tief eingeschnittene Tal bis Arosa folgen.

Bf. Chur Stadt *(595 m ü.M.)* Eigentlich ist es mehr eine Haltestelle als ein Bahnhof. *Links fällt der Blick auf den Turm der* ***Martinskirche*** *und darüber erhebt sich das* ***Bischöfliche Schloss*** *mit der Kathedrale.*

ArosaExpress auf der Fahrt durch Chur

=> Bei der Weiterfahrt geht es bei der Ausweiche Sand am stillgelegten Depot der Chur-Arosa-Bahn vorbei. Vor dem nächsten Bahnhof ist im Tal ein Wasserkraftwerk zu sehen. Es ist mit einem Schrägaufzug zu erreichen.

Bf. Sassal *(601 m ü.M.)* Die Verbindungsstrasse Chur-Arosa führt hoch über der Bahn am Hang entlang. Auf jetzt eigenem Bahnkörper steigt die Strecke stetig an. Die Bäche von den nördlichen Bergen vom Montalin bis zum Mattjisch-Horn haben tiefe Gräben in die Bergflanken gegraben, denen die Bahnlinie mit vielen Kurven folgen muss. Auf der anderen Talseite im Kreis Churwalden sind Bad Passugg und die Strasse nach Tschiertschen vor der Hochwangkette zu sehen. Eine grosse Brücke führt über das Castieler Tobel. Die Brücke mündet direkt in den Bärenfalle-Tunnel. Die 1913 erbaute, damals

Tief im Tal verläuft die Strecke

Im Schanffigg

grösste Steinbogenbrücke musste 1942 durch mehrere kleine Metallbrücken ersetzt werden, nachdem sich der Hauptpfeiler talwärts bewegte und die Brücke verformte. Die heutige Konstruktion kann den sich stetig veränderten Pfeilerstellungen angepasst werden. Wir durchfahren die nur betrieblichen Zwecken dienende Station Untersax und den Bergdurchstich des Spundetscha-Tunnels.

Bf. Lüen-Castiel *(938 m ü.M.)*

Castiel* *liegt an der Strasse nach Arosa oberhalb des Bahnhofs. Von der frühen Besiedlung in der Bronze- und Eisenzeit sowie unter den Römern zeugen Ausgrabungsfunde. Erst im Hochmittelalter entstand der heutige Ort mit der* ***ref. Kirche*** *im spätgotischen Stil und dem* ***Podestà-Haus*** *von 1619.*

Lüen* *liegt hoch über dem Bahnhof am Abhang der Hochwangkette mit seinen Holzhäusern. Die* ***Kirche Hl. Zeno*** *mit sehenswerten Wandmalereien wurde im 11. Jh. zu Ehren Bischof Zenos errichtet.*

Podestà Haus, Castiel

=> Auf der Schattenseite des Tals ist der Ferienort Tschiertschen zu sehen. Er gehört wie Praden zum Kreis Churwalden. Die Strecke führt weiter durch den Lüener-Rüfe-Tunnel (399 m), über die Clasauer-Tobel-Brücke (64 m), durch den Sandgrind-Tunnel (381 m), über die Grosstobel-Brücke (64 m) und die Lochbächli-Brücke (66 m).

Bf. St.-Peter-Molinis *(1157 m ü.M.)*

St. Peter* *Um die älteste Kirche im Tal entstand auch der Ort. Nach 1400 wurde das Dorf mit einem Wehrturm befestigt.*

=> Am Grosstobel zwischen St.-Peter-Molinis und Peist sieht man links die **Erdpyramiden**, die durch Erosion infolge starker Niederschläge entstanden sind. Grosse Steine verhinderten die Verwitterung des darunter liegenden Erdreichs.

Bf. Peist *(1244 m ü.M.)*

Peist. *Nach dem verheerenden Brand*

Pfarrkirche St. Peter, St. Peter

1875 musste das Dorf neu aufgebaut werden. Die Häuser gruppieren sich um die weithin sichtbare Kirche etwa 100 m oberhalb am Berghang.

Ortsansicht, Peist

=> Das Gelände wird wieder unzugänglicher, mehrere Seitentäler müssen überwunden werden. Zunächst geht es über den Frauentobel-Viadukt (82 m), dann durch den Matten-Tunnel (114 m), der durch Moränenschutt führt, gefolgt vom Gründjetobel-Viadukt aus Eisenbeton (46 m hoch). Voraus sieht man rechts den grossen **Langwies-Viadukt.**

Bf. Langwies *(1317m ü.M.)*

Langwies* *Der kleine Luftkurort mit seiner* ***spätromanischen Kirche*** *aus dem Jahr 1488 liegt am Eingang zum Sapüntal.*

Viadukt, Peist

=> Vom Bahnhof aus schwenkt die Bahnlinie in einer weiten Rechtskurve zum Langwies-Viadukt.

Sehenswert ist das 1912-1914 erbaute ***Langwies-Viadukt.*** *Der Übergang ist die erste Eisenbahnbrücke der Schweiz, die aus Eisenbeton gebaut wurde. Noch heute ist sie mit einer Länge von 287 m die weitestgespannte Eisenbahnbrücke der Welt aus diesem Material. Die Bahn überwindet mit dem Viadukt das Plessurtal in einer Höhe von 62 m. 800 Kubikmeter Holz wurden für das Baugerüst benötigt. Von der Brücke aus bietet sich ein prächtiger Ausblick auf das Tal*

Langwies-Viadukt

und die es einrahmenden Berge.

Bf. Litziruti *(1452m ü.M.)*

Der kleine Weiler gehört zu Langwies. Am Bahnhof findet sich folgende Inschrift 'Dem Fortschritt und Verkehr - dem Bündnerland zur Ehr!'.

=> Jetzt folgt der letzte Anstieg in mehreren Kehren durch den Wald. Wir fahren an der Ausweichstelle Haspelgrube an einem Stausee vorbei, der zur Energiegewinnung dient. Rechts folgt der Untersee mit Strandbad. Nun durchfahren wir noch den Arosa-Tunnel (299m) und gelangen zum Endbahnhof Arosa.

Obersee in Arosa

Bf. Arosa *(1739m ü.M.)*

Arosa** *ist einer der höchstgelegenen Luftkurorte der Schweiz, der von hohen Bergflanken umrahmt wird. Das* ***Schanfigger Heimatmuseum 'Eggahuus'*** *zeigt bäuerliche Gebrauchsgegenstände. Besonders sehenswert ist das* ***Bergkirchli*** *aus dem Jahr 1492, seine spätgotische Decke und eine bemerkenswerte Bauernorgel. Im* ***Alpengarten Maran*** *findet man wunderschöne Naturlandschaft und unzählige Alpenblumen. 1956 wurde die* ***Luftseilbahn zum Weisshorn*** *gebaut. Sie führt in zwei Abschnitten auf 2653m zu einem der schönsten Aussichtspunkte der gesamten Ostschweiz.*

Bergkirchli, Arosa

Chur - Reichenau

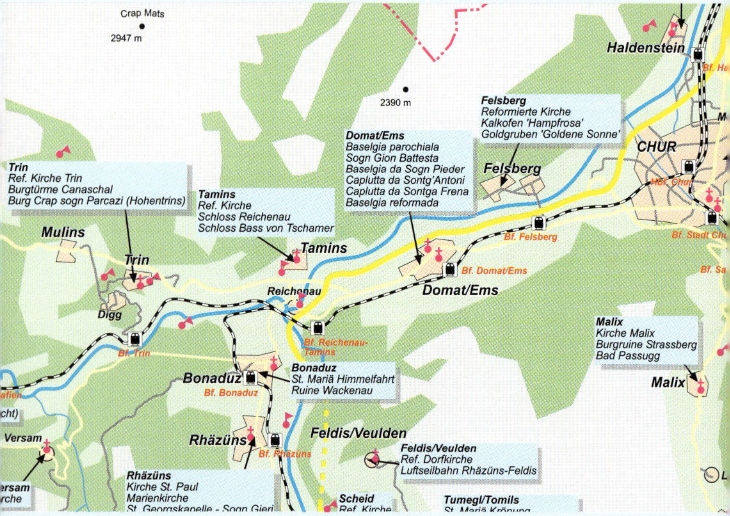

Die RhB-Strecke von Chur zum Bahnhof Reichenau wird von den Zügen der Vorderrheintal-Linie, die seit 1912 besteht, und den Zügen nach St. Moritz genutzt. Die Strecke verläuft im noch breiten Alpenrheintal unspektakulär. Bis Domat-Ems wurde ein Dreischienengleis verlegt, um auch mit normalspurigen Waggons bis auf das Gelände der Emser Chemie AG fahren zu können.

Bahnverbindung: Chur - Reichenau

Bf. Chur *(585 m ü.M.)*

=> Bis zur Abfahrt können aus den roten Waggons der Rhätischen Bahn ausgiebig die Rangiermanöver der RhB und der SBB, die sich hier die Bahnsteige teilen, beobachtet werden. Chur ist der südlichste Punkt im Netz der SBB in Graubünden. Hier enden viele Fernzüge aus Deutschland, Belgien und den Niederlanden, wie die unterschiedlichen Farben der Wagen deutlich machen.

Postautostation über dem Hbf Chur

Die Strecke nach Westen führt zunächst unter dem neuen PTT-Omnibusparkdeck hindurch, das die Gleise überspannt. Bei der zwischen Chur und Domat/Ems doppelgleisig ausgelegten Strecke ist ein Dreischienengleis eingebaut. So können auch normalspurige Güterwagen die Emser Werke erreichen.

Die Fahrt führt durch die westlichen Aussenbezirke von Chur. Die Bahn überquert den Fluss Plessur, der aus dem Schanfigg kommt, und erreicht nach kurzer Fahrt Felsberg.

Bf. Felsberg *(573 m ü.M.)*

Felsberg* *Da ein gewaltiger Bergsturz 1843 das Dorf bedrohte, wurde 1645 ausserhalb des Gefahrenbereichs die Siedlung Neu-Felsberg gegründet, die zur Baugruppe von nationaler Bedeutung erklärt wurde. In Felsberg steht eine* ***Ref. Kirche*** *aus dem Jahr 1505. Zu den Attraktionen zählen des Weiteren der* ***Kalkofen 'Hampfrosa'****, der 1988 wieder freigelegt wurde, und die* ***Goldgruben 'Goldene Sonne'****, die zu Beginn des 19. Jh. angelegt und aus deren gewonnenem Gold 1813 rund 100 Bündner Dublonen geprägt wurden.*

Felsberg

=> Bis Domat/Ems verläuft die Strecke parallel zur Autobahn.

Bf. Domat/Ems *(581 m ü.M.)*

Domat/Ems* *Das Dorf, in dem ein Teil der Bevölkerung auch heute noch romanisch spricht, blickt auf eine lange Geschichte zurück. Ausgrabungen ergaben, dass bereits in der Spätbronzezeit (11./10. v. Chr.) eine Siedlung bestand. Heute ist das Ortsbild von mehreren Sakralbauten geprägt. Dazu zählen die* ***Pfarrkirche St. Mariä Himmelfahrt****, deren Grundsteinlegung in das Jahr 1730 fällt, die* ***Kirche St. Johannes*** *mit den Figuren der Hl.-Grab-Gruppe aus dem späten 13. Jh. und die* ***Kirche St. Peter****, deren Bausubstanz bis in die Zeit um 800 zurück-*

Domat/Ems

reicht. Ausserdem befinden sich in Domat/Ems die 1725 errichtete ***St.-Antonius-Kapelle****, die* ***St.-Verena-Kapelle*** *und die* ***Ev.-Ref. Kirche****, die man 1964 als schlichten, modernen Sakralbau fertig stellte.*

=> Südlich der Bahn liegen die ausgedehnten Anlagen des grössten Industrie-Unternehmens in Graubünden, der Emser Werke. Das Werk wird über ein Dreischienengleis angebunden. Somit ist es möglich Normalspurwagen mit SBB-Lokomotiven anzuliefern.

Schnell geht die Fahrt weiter bis zur Engstelle des Rheintals und wir erreichen nach einer scharfen Kurve Reichenau-Tamins.

Bf. Reichenau-Tamins *(604 m ü.M.)*

Tamins* *Die besondere Lage des Ortes am Zusammenfluss der beiden Rheinquellflüsse bedingt auch seine lange Siedlungsgeschichte, die man bis in die Eisenzeit zurückverfolgen kann. Sehr eindrucksvoll ist das* ***Schloss Reichenau****, das auf eine wechselvolle Geschichte zurückblicken kann. Sehenswert ist auch die neubarocke Anlage des* ***Schlosses Bass von Tscharner (Schlössli)*** *aus den Jahren 1906/07. Auf einem Felssturzhügel vom Kunkelspass kann man den neugotischen Turm der Ref. Kirche erblicken.*

=> Hinter der Rheinbrücke teilt sich die Strecke. Nach Westen verläuft sie durchs Vorderrheintal bis Disentis und über den Oberalppass. Nach Süden führt sie als Albulabahn über Thusis und Filisur bis nach St. Moritz im Engadin.

Brücke über den Hinterrhein

Reichenau - Disentis - Oberalppass => Seite RhB-35
Reichenau - Thusis - St. Moritz => Seite RhB-59

Reichenau - Ilanz

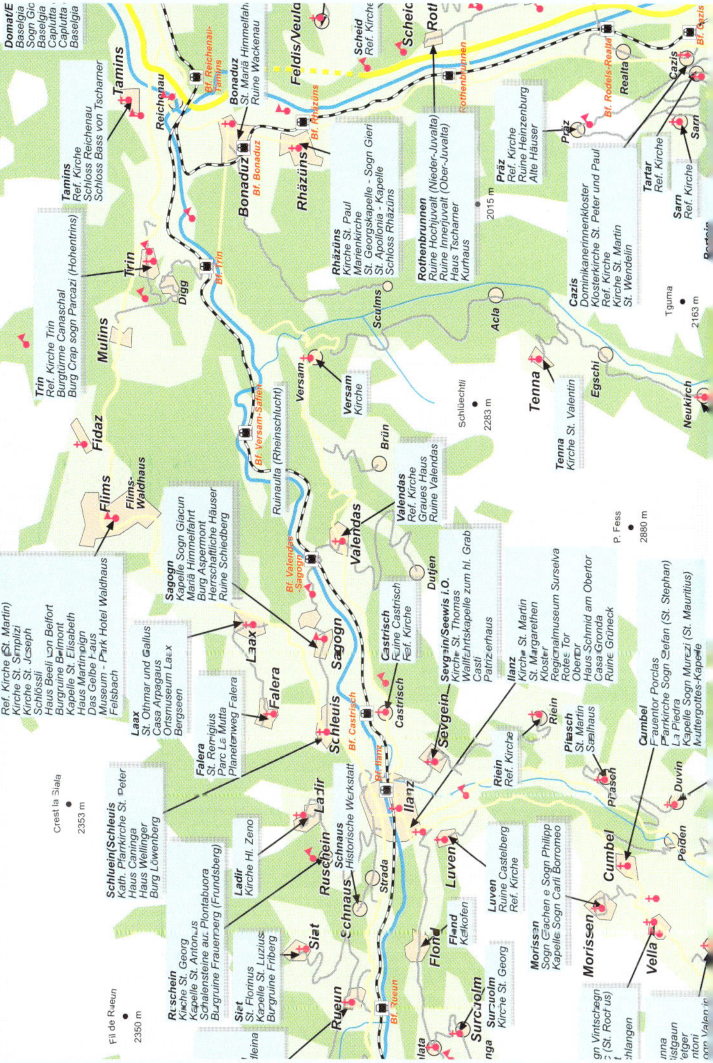

Die RhB-Vorderrheintal-Linie wird seit 1912 betrieben. Der Abschnitt Chur-Ilanz wurde bereits 1903 eröffnet. Besonders grosse Schwierigkeiten bereitete den Ingenieuren die unwegsame Rheinschlucht. Die Strecke Chur - Disentis wurde als letzte des RhB-Stammnetzes 1922 elektrifiziert. Fortsetzung der Bahnline ist die Strecke von Disentis über Andermatt und Brig nach Zermatt, die heute von der Matterhorn-Gotthard-Bahn (MGB) betrieben wird.

Wir beginnen mit der Beschreibung am Bahnhof Reichenau. Hier trennen sich die Bahnlinie über Thusis, Filisur, Albulatunnel nach St. Moritz und die Strecke durch das Vorderrheintal nach Disentis und über den Oberalppass. Beschrieben werden auch die Abstecher in die Seitentäler Safien- und Valsertal, ins Val Lumnezia und zu den Orten Obersaxen, Waltensburg, Brigels und Flims mit dem Postauto vom Bahnhof Ilanz aus. Von Disentis besteht die Möglichkeit der Weiterfahrt mit der MGB zum Oberalppass, der Grenze zum Kanton Uri, oder mit dem Postauto durch das Val Medel zum Lukmanier-Pass.

Bahverbindung: Bf. Reichenau - Ruin Aulta - Bf. Ilanz

Bf. Reichenau-Tamins *(604 m ü.M.)*

Nach der Ausfahrt überqueren wir auf der stählernen Fachwerkbrücke (151 m) den Hinterrhein. Nun verzweigen sich die Bahnlinien Chur-Disentis und Chur-Filisur-St. Moritz. Rechts unter der Brücke sind der Zusammenfluss von Hinter- und Vorderrhein sichtbar.

Hochwassermarke von 1927

Die Strecke nach Disentis überquert sogleich den Vorderrhein. Auf der gegenüberliegenden Rheinseite ist die Strecke nach St. Moritz kurz zu erkennen. In der engen Rheinbiegung fällt der Blick auf die **Hochwassermarke von 27-9-1927**. Darüber erheben sich die Reste der **Burg Wackenau**, die in keiner Urkunde erwähnt wird. Über die Maliensbachbrücke (89 m) und durch den Dabitunnel (299 m) erreichen wir den nächsten Bahnhof.

Bf. Trin *(609 m ü.M.)*

Trin** *Eine 2 km lange schmale Strasse verbindet die Bahnstation im Tal mit dem hoch auf dem Berg liegenden Dorf Trin, das von der* ***Burgruine Canaschal (Hohen-Trins)*** *überragt wird.*

Panorama mit Burg Canaschal, Trin

=> Nach der Ausfahrt aus dem Bahnhof und der Durchfahrt durch den Ransun-Tunnel (422 m) folgt mit dem Gebiet des späteiszeitlichen **Flimser Bergsturzes** der spektalulärste Streckenabschnitt dieser Linie. *15 Mill. m³ Gestein stürzten von den Nordhängen oberhalb Flims in das Tal des Vorderrheins. Dabei entstanden* ***Rheinschlucht (Ruin Aulta)****, Versamer und Laaxer Tobel, die wildeste Landschaft der Schweiz. Weisse Wände aus Schuttmaterial mit riesigen Höhlen und Gesteinspyramiden bestimmen die Flusslandschaft.*

Fahrt durch die Rheinschlucht

Rheinschlucht

=> Auf der Isla-Bella-Brücke (61 m) wechseln wir auf die Südseite des Rheins, durchfahren den Krummwag-Tunnel (83 m) und erreichen den nächsten Bahnhof.

Bf. Versam-Safien *(635 m ü.M.)*

Versam-Safien* *liegt hoch auf einem Plateau über der* ***Safienschlucht*****. Das sich nach Süden anschliessende, 20 km lange Safiental ist eines der landschaftlich reizvollsten Seitentäler.* *(Siehe Bf. Ilanz)*

=> Nun bleibt der Zug bis Ilanz auf der Südseite des Rheins. In der wildromantischen Rheinschlucht bewahren Schutzmauern die Bahnlinie vor Steinschlag. Von Valendas ist nur der romanische Kirchturm sichtbar.

Bf. Valendas-Sagogn *(669 m ü.M.)*

Sagogn** *ist über eine schmale Strassenbrücke über den Rhein erreichbar, vorbei an der* ***Ruine Schiedberg*** *aus dem 9 Jh. Das geschichtsträchtige Bergdorf liegt auf einer fruchtbaren Sonnenterrasse über den Schluchten des Vorderrheins. Sehenswert ist die* ***Burg Aspermont*** *mit Teilen aus dem 13. Jh. Im Dorf sind zahlreiche*

Burg Aspermont, Sagogn

herrschaftliche Häuser *mit vielen Verzierungen aus dem 16. Jh. gut erhalten. In der* **Barockkirche Mariä Himmelfahrt** *blieben sehenswerte Wandmalereien erhalten. (siehe Bf. Ilanz)*

=> Die Fahrt führt jetzt über den ehemaligen Seeboden des durch den Bergsturz aufgestauten Vorderrheins. Danach weitet sich das Tal.

Bf. Castrisch *(705 m ü.M.)*

Castrisch* *liegt am Beginn der Vorderrheinschlucht. Von der einstigen* **Kirchenburg Castrisch** *sind nur wenige überwachsene Fundamentreste erhalten.*

=> Vor dem Bahnhof von Ilanz überqueren wir den Glenner, der aus dem Val Lumnezia heranströmt.

Bf. Ilanz *(698 m ü.M.)*

Vom Bahnhof aus bestehen Busverbindungen in die südlichen Täler Val Lumnezia und Valsertal, nach Obersaxen, Flims, Falera und Laax, nach Versam und ins Safiental sowie nach Siat, Pigniu, Waltensburg und Andiast

Ilanz*** *erhielt 1289 Stadtrecht und ist die höchstgelegene Stadt am Rhein mit einem sehenswerten historischen Stadtkern. Im alten Patrizierhaus* **Casa Carniec** *befindet sich das Regionalmuseum Surselva. Das* **Rote Tor,** *mit seinem geschweiften Giebel erinnert an die Ursprünge der Stadt. Auf dem, aus dem 16. Jh. stammenden* **Obertor** *sind die Wappen der 'Drei Bünde' und der Stadt Ilanz zu erkennen. 1526 fand eine Disputation über den rechten Glauben in der* **Kirche St. Margarethen** *statt. Danach wechselte die Stadt zum Protestantismus. Sehenswert ist auch das Bürgerhaus* **Casa Gronda** *aus dem 17. Jh. Ein karolingisches Reichsgut war die von 840 stammende Kirche St. Martin. Seit 1865 gibt es das* **Kloster** *in Ilanz mit*

Casa Carniec, Ilanz

sehenswerten Kirchenfenstern. Den Eingang ins Lugnez- und Valsertal bewachte einst die **Ruine Castelberg** aus dem 13. Jh.

Postautoverbindung: Bf. Ilanz - Laax - Falera - Flims

Laax** leitet sich vom romanischen 'ils lags' ('die Seen') ab und hat sich den für die Region Surselva typischen Dorfcharakter bewahrt. Die **Pfarrkirche St. Othmar und Gallus** aus dem 17. Jh. beherrscht das Dorfbild. Die **Casa Arpagaus** aus dem 12. Jh. ist das älteste Gebäude in Laax. Das **Ortsmuseum Laax** beherbergt mehr als 2200 sehenswerte Exponate.

Falera*** war vor über 3000 Jahren eine bedeutende Sonnenkultstätte. Der **Parc La Mutta**** umfasst die geheimnisvolle megalithische Stätte, die als die wichtigste und grösste Megalithanlage der Schweiz gilt. Auf einer Aussichtsterrasse mit weitem Blick über das Vorderrheintal wurde bereits im 13. Jh. **St. Remigius**** erbaut. Der **Panoramaweg** von Falera über Lamags nach Laax-Murschetg dient über 1,5 km auch als astronomischer Lehrpfad.

St. Remigius, Falera

Flims** Der Ort liegt auf einer Sonnenterrasse über der Rheinschlucht. Die **Ref. Kirche** aus dem 9. Jh. wurde im Stil der Spätgotik umgestaltet. Die **Kirchen St. Martin und St. Simplizi** werden bereits im karolingischen Verzeichnis von 831 erwähnt. Das **Schlössli** beherbergt heute das Rathaus von Flims. Das **Haus Beeli von Belfort** aus dem 16. Jh. ist das Stammhaus der Walserfamilie Beeli. Im Wald liegt die Ruine des **Schlosses Belmont**, die bereits 1352 wieder zerstört wurde.

Panorama, Flims

Ilanz - Val Lumnezia, Valsertal und Safi

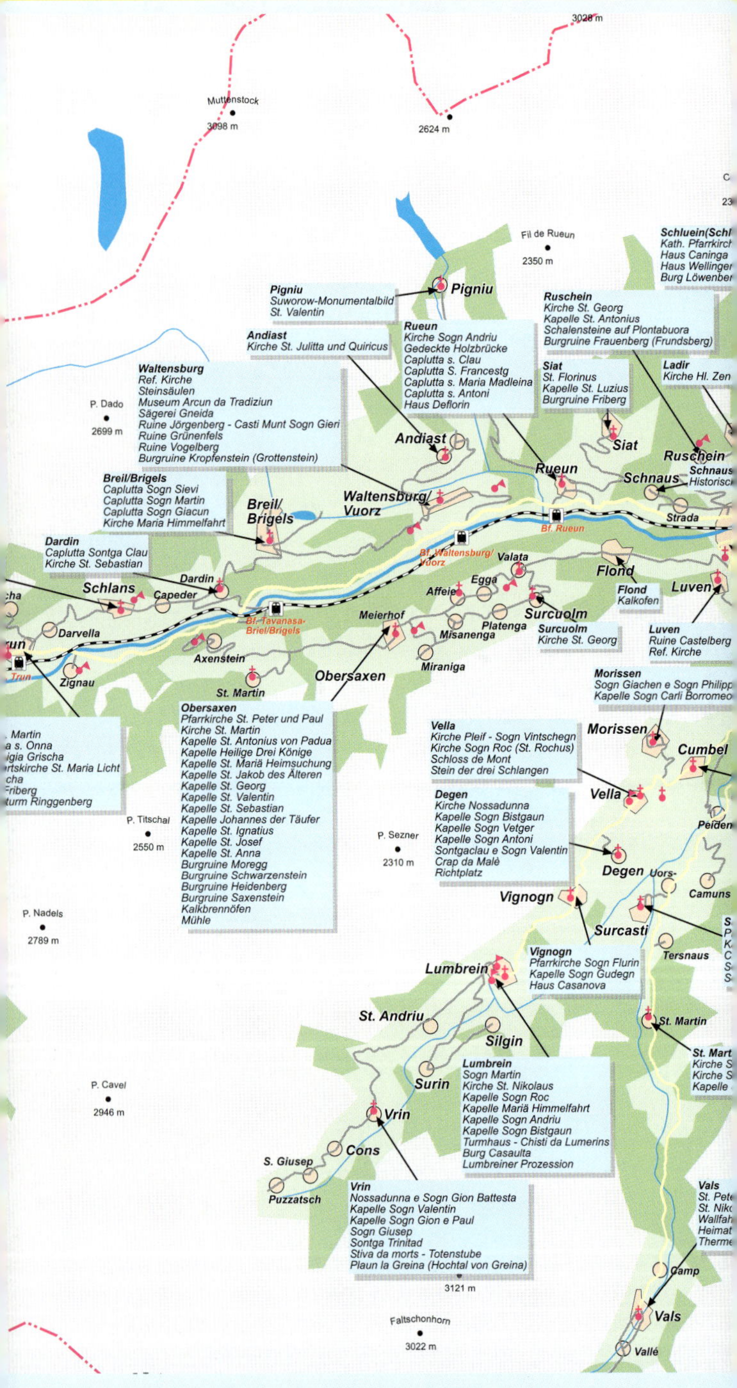

2947 m
2390
Flims
Ref. Kirche (St. Martin)
Kirche St. Simplizi
Kirche St. Joseph
Schlössli
Haus Beeli von Belfort
Burgruine Belmont
Kapelle St. Elisabeth
Haus Martin pign
Das Gelbe Haus
Museum - Park Hotel Waldhaus
Felsbach
Trin
Ref. Kirche Trin
Burgtürme Canaschal
Burg Crap sogn Parcazi (Hohentrins)
Tamins
Ref. Kirche
Schloss Reichenau
Schloss Bass von Tscharner
Flims
Fidaz
Mulins
Trin
Tamins
Flims-Waldhaus
Laax
St. Othmar und Gallus
Casa Arpagaus
Ortsmuseum Laax
Bergseen
Sagogn
Kapelle Sogn Giacun
Mariä Himmelfahrt
Burg Aspermont
Herrschaftliche Häuser
Ruine Schiedberg
Digg
Reichenau
Bf. Trin
Bf. Reichenau-Tamins
Bonaduz
St. Mariä Himmelfahrt
Ruine Wackenau
Laax
Falera
Bf. Versam-Safien
Bonaduz
Bf. Bonaduz
Ruinaulta (Rheinschlucht)
Bf. Valendas-Sagogn
Versam
Rhäzüns
Bf. Rhäzüns
Feldis/Veulden
Sagogn
Valendas
Versam
Kirche
Castrisch
Castrisch
Castrisch
Ruine Castrisch
Ref. Kirche
Brün
Sculms
Rhäzüns
Kirche St. Paul
Marienkirche
St. Georgskapelle - Sogn Gieri
St. Apollonia - Kapelle
Schloss Rhäzüns
Scheid
Ref. Kirche
Scheid
Valendas
Ref. Kirche
Graues Haus
Ruine Valendas
Dutjen
Rothenbrunnen
Ruine Hochjuvalt (Nieder-Juvalta)
Ruine Innerjuvalt (Ober-Juvalta)
Haus Tscharner
Kurhaus
Rothenbrunnen
Sevgein/Seewis i.O.
Kirche St. Thomas
Wallfahrtskapelle zum hl. Grab
Casti
Patrizierhaus
Schlüechtli
2283 m
2015 m
Acla
Ilanz
Kirche St. Martin
St. Margarethen
Kloster
Regionalmuseum Surselva
Rotes Tor
Obertor
Haus Schmid am Obertor
Casa Gronda
Ruine Grüneck
Präz
Ref. Kirche
Ruine Heinzenburg
Alte Häuser
Tenna
Riein
Tenna
Kirche St. Valentin
Präz
Cazis
Dominikanerinnenkloster
Klosterkirche St. Peter und Paul
Ref. Kirche
Kirche St. Martin
St. Wendelin
Egschi
Bf. Rodels-Realta
Realta
P. Fess
2880 m
Tartar
Ref. Kirche
Tguma
2163 m
Sarn
Ref. Kirche
Cazis
Sarn
Tartar
Bf. Cazis
Neukirch
Safien-Neukirch
Kirche Neukirch
Portein
Ruine St. Gallus
Portein
Masein
Ref. Kirche
Schloss Untertagstein
Flerden
Masein
Sils
Flerden
Ref. Kirche
P. Radun
2581 m
Safien
Thusis
Urmein
Urmein
Ref. Kirche
Safien Platz
Tschappina
Tschappina
Ref. Kirche
Rongellen
Safien-Platz
Naturlehrpfad Altaun
Heimatmuseum
Platzer Kirche
Viamala-Schlucht
Grisch
Lohn
Ref. Kirche
Pfrundhaus
Lohn
Piz Beverin
2998 m
Mathon
Kirche St. Martin
Haus Dolf-Camenisch
Kirchenruine St.Antonius
Bäch
Safien-Thalkirch
Kirche Thalkirch
Thalkirch
Bruschghorn
3056 m
Mathon
Patzen
Zillis
Donath
Ref. Kirche
Fardun
Wergenstein
Donath
Casti-Wergenstein
Ref. Kirche
Ref. Kirche Wergenstein
Weiler Wergenstein
Casti
Clugin

Postautoverbindung: Bf. Ilanz - *Vrin-Post*

Val Lumnezia*** *ist das grösste Seitental des Vorderrheins. Schon in der Bronzezeit siedelten hier Menschen. Ausserdem zeugen Funde prähistorischer Münzen vom Aufenthalt der Römer. Im Mittelalter war es eine wichtige Etappe der Passwege nach Süden.*

Porclas, Cumbel

=> *Das Postauto fährt zuerst am **Frauentor Porclas** aus dem 14. Jh. vorbei. Rechts auf dem Hügel liegt die **Kapelle Sogn Murezi**, die um 840 erstmals erwähnt wurde. Nun erreicht der Bus das malerische Dorf Cumbel.*

Ansicht Cumbel

Cumbel** *(1138m ü.M.) Archäologische Funde verweisen auf vorchristliche Besiedlung. Die **Pfarrkirche Sogn Stefan** stammt aus dem 16. Jh.*

Ansicht Morissen

Morissen* *(1346m ü.M.) Der Postbus zweigt nach Morissen ab Die Ursprünge der **Pfarrkirche Sogn Giachen e Sogn Philipp** gehen auf 1345 zurück. Auf dem Weg nach Surcolm liegt die **Kapelle Sogn Carli Borromeo**.*

Vella** *(1244 m ü.M.) ist der alte Hauptort des Val Lumnezia Seit der Bronzezeit besiedelt, zeugen heute noch die kirchlichen und weltlichen Baudenkmäler ersten Ranges von der Bedeutung des Ortes. **Schloss de Mont** aus dem Jahr 1666 zeichnet sich durch den Turm und das herrschaftliche Portal aus. An der **Kirche Pleif - Sogn***

Castel de Mont, Vella

Vintschegn ist der Grundriss der karolingischen Dreiapsidenkirche von 800 mit Platten auf dem Kirchplatz gut sichtbar markiert. Die **Kirche Sogn Roc** aus dem späten 16. Jh. wurde dem heiligen Rochus und dem heiligen Sebastian geweiht. Der **Stein der drei Schlangen** unterhalb der früheren Talkirche Pleif ist ein **Megalithzentrum** mit zahlreichen Schalensteinen und Felsblöcken.

Ansicht Degen

Degen* (1122 m ü.M.) liegt inmitten einer muldenartigen Terrasse mit der Pfarrkirche im Zentrum. Die fruchtbare Gegend war bereits in karolingischer Zeit Königsgut und einem fränkischen Vasallen unterstellt. Die **Kirche Nossadunna** stand schon im 9. Jh. an der Stelle der heutigen Kirche. Die **Kapelle Sogn Bistgaun** wurde im späten 13. Jh. errichtet. In der **Kapelle Sogn Vetger** sind die zwei ältesten Glocken der Schweiz aus dem Jahr 1200 zu finden. Die **Kapelle Sogn Antoni** stammt aus den Jahren 1669/70. Vom Dorfplatz in Degen aus führt ein Weg zum mystischen **Findling Crap da Malè**. Die **Kapelle Sontga Clau e Sogn Valentin** fällt durch ihre längliche achteckige Bauweise auf.

Sogn Flurin, Vignogn

Vignogn* (1241 m ü.M.) Neben der **Pfarrkirche Sogn Flurin** von 1500 und der **Kapelle Sogn**

Gudegn von 1648 wird das Ortsbild vom **Haus Casanova** mit seiner auffälligen Architektur und den Verzierungen von 1779 geprägt.

Lumbrein** *(1405m ü.M.) Bereits vor 3500 Jahren befand sich hier eine der grössten bronzezeitlichen Siedlungen der Schweiz. Die* **Pfarrkirche Sogn Martin** *beeindruckt durch ihre prachtvolle barocke Gestaltung. Die* **Kapelle Sogn Roc** *wurde in den Jahren 1628/29 gebaut. Sehenswert sind die beiden* **Turmhäuser Chisti da Lumerins** *von 1231 und* **Burg Casaulta** *aus dem 14. Jh.*

Ansicht Lumbrein

Vrin** *(1448m ü.M.) liegt am Ende des Tals. Neben der* **Pfarrkirche Nossadunna e Sogn Gion Battesta** *aus dem 17. Jh. steht der Turm als Campanile frei neben dem Gotteshaus. Die* **Kapelle Sogn Valentin** *in Puzzatasch wurde 1643 geweiht. Weitere Kapellen sind* **Sogn Gion e Paul** *(1648),* **Sogn Giusep** *(1716) und* **Sontga Trinitad** *(1740).*

Ansicht Vrin

Postautoverbindung: Bf. Ilanz - Vals

Valsertal**. *Durch das lang gestreckte südliche Seitental der Surselva führte schon in prähistorischer Zeit die direkteste Nord-Süd-Verbindung der östlichen Schweizer Alpen. Von der Ref. Kirche in Duvin, das auf einer Sonnenterrasse zwischen zwei tiefen Schluchten liegt, geniesst man einen herrlichen Rundblick.*

Suraua* *ist seit Ende des 13. Jh. schriftlich nachweisbar, archäologische Funde aus der Bronzezeit deuten auf eine frühzeitliche Besiedung hin. In der Kapelle* **Sogn Carli Borromeo** *ist die Ausmalung in Form der Bilderbibel besonders sehenswert. Die* **Pfarrkirche Sogn Luregn** *steht auf dem Gelände der ehemaligen*

Burg der Herren von Überkastel (13.-15. Jh.) Der Bergfried dient seit dem 16. Jh. als Kirchturm. In der **Kirche Sogn Balun e Sontga Madleina** läutet die älteste Theodulsglocke der Schweiz von 1395. **Sogn Gion e Sogn Antoni** verfügt noch über den Chor von 1597.

Postauto unterwegs

St. Martin* Nur wenige Häuser drängen sich zwischen steilen Berghängen um die Kirche des romanischsprachigen Orts. Die **Kirche St. Martin** wird 1345 erstmals erwähnt. Bei Restaurierungen wurden historisch bedeutsame Malereien freigelegt. Die kleine **Kapelle St. Sebastian** aus der Mitte des 17. Jh. drängt sich zwischen die eng stehenden Häuser von Munt auf einem Bergsporn hoch über dem Tal.

Vals** Nach der engen Schlucht hinter St. Martin weitet sich das Tal und schafft Raum für die Weiler und dörflichen Siedlungen Camp und Platz. Die barocke **Pfarrkirche St. Peter und Paul** verfügt über eine lange Baugeschichte. Die ältesten Bauteile sind gotisch, erstmals erwähnt wird die Kirche 1451. Die kleine **Kapelle St. Nikolaus** gleich hinter der engen Schlucht steht auf Grundmauern einer ehemaligen Talsperre aus dem 15. Jh. Das **Heimatmuseum Gandahus** ist in einem Bauernhaus des 16. Jh., das zum ältesten Walserhaustyp gehört, untergebracht.. 1692 wurde die barocke **Wallfahrtskapelle St. Maria** an der Stelle erbaut, wo eine Lawine ein Haus mit seinen Bewohnern verschüttet hatte. Die einzige **Therme Graubündens** sprudelt in Vals mit bis zu 42 Grad aus dem Boden. Unter dem Architekten Peter Zumthor entstand 1996 das neue Thermalbad aus Valser Quarzit, das bereits zwei Jahre nach seiner Fertigstellung unter Denkmalschutz gestellt wurde.

Pfarrkirche St. Peter und Paul, Vals

Postautoverbindung: Bf. Ilanz - Versam - Safiental

Safiental** *In diesem Tal hat sich die Walsertradition in den charakteristischen Siedlungen erhalten.*

Dorfplatz mit Holzbrunnen, Valendas

Valendas* *Im Dorf sind viele denkmalgeschützte Bauwerke erhalten, darunter der* ***grösste Holzbrunnen*** *Europas aus dem Jahr 1760, die* ***Ref. Kirche*** *als langgezogene Saalkirche, das* ***Graue Haus*** *aus dem 17. Jh. und die* ***Ruine Valendas*** *von 1258.*

Klrche, Vewrsam

Versam* *Der Ort ist das Tor ins Safiental. Er liegt auf einer waldumsäumten Terrasse, hoch über der Rheinschlucht. Die* ***Kirche*** *entstand 1634, Eine Busverbindung führt in die* ***Ruin Aulta (Rheinschlucht)*** *zum Bf. Versam/Safien.*

Tenna* *Das* ***Bergdorf Tenna*** *liegt hoch über dem Talboden inmitten einer einzigartigen Landschaft mit ausgeprägter Pflanzen- und Tierwelt. Von der* ***Kirche St. Valentin*** *mit wertvollen Wandmalereien von 1400 hat man einen wunderschönen Ausblick über das ganze Safiental.*

Safien* *wird erstmals 1314 als 'Stosavia' erwähnt. Im* ***Heimatmuseum*** *wird das Leben der Menschen in alten Zeiten veranschaulicht. Die 'Kirche im Thall' von Safien wurde im Jahr 1441 geweiht. Etwas weiter ausserhalb des Dorfes vor der* ***Carnusaschlucht*** *liegt die 1510 geweihte* ***Platzer Kirche****. Sehenwert ist das gotische Chorgewölbe.*

Neukirch, Safiental

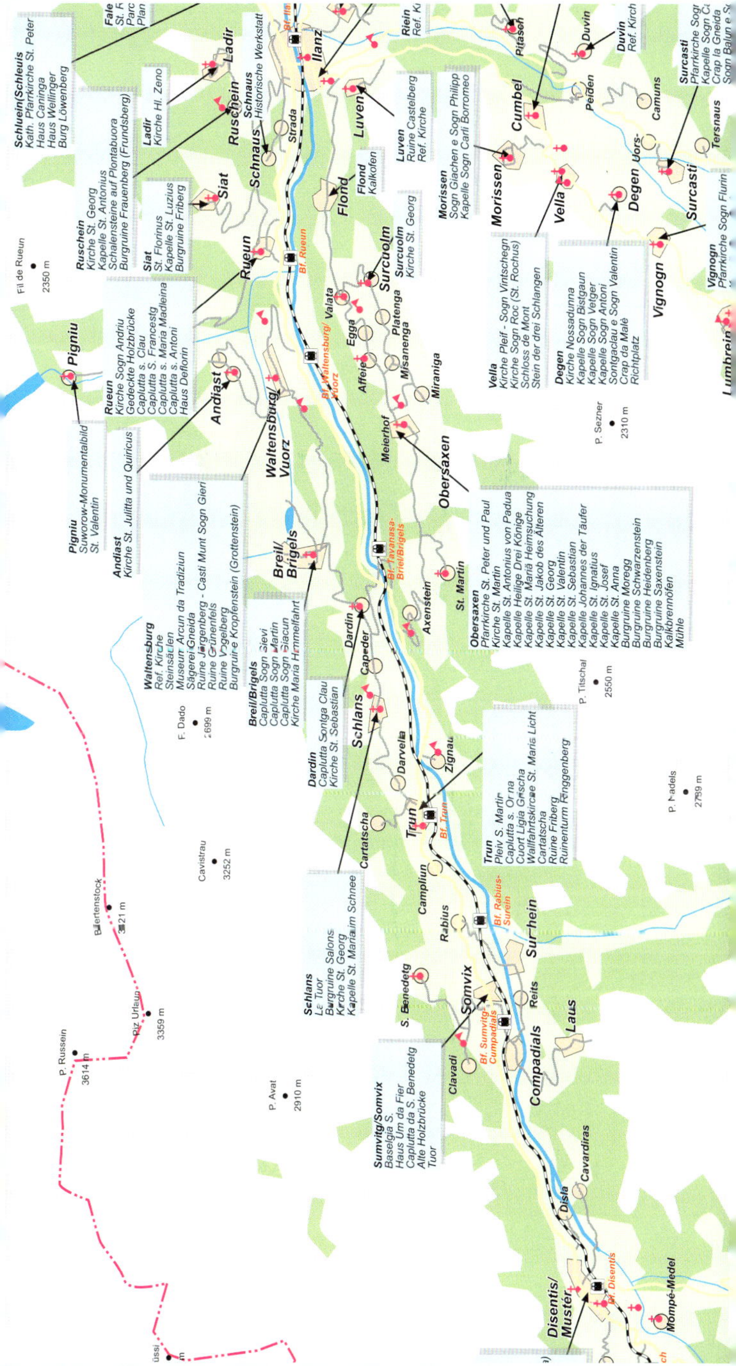
Schluein(Schleuis)
Kath. Pfarrkirche St. Peter
Haus Caninga
Haus Wellinger
Burg Löwenberg
Ruschein
Kirche St. Georg
Kapelle St. Antonius
Schalensteine auf Plontabuora
Burgruine Frauenberg (Frundsberg)
Ladir
Kirche Hl. Zeno
Schnaus
Historische Werkstatt
Siat
St. Florinus
Kapelle St. Luzius
Burgruine Friberg
Rueun
Kirche Sogn Andriu
Gedeckte Holzbrücke
Caplutta s. Clau
Caplutta S. Francestg
Caplutta s. Maria Madleina
Caplutta s. Antoni
Haus Deflorin
Pigniu
Suworow-Monumentalbild
St. Valentin
Andiast
Kirche St. Julitta und Quiricus
Waltensburg
Ref. Kirche
Steinsäulen
Museum Arcun da Tradiziun
Sägerei Gneida
Ruine Jörgenberg - Casti Munt Sogn Gieri
Ruine Grünenfels
Ruine Vogelberg
Burgruine Kropfenstein (Grottenstein)
Breil/Brigels
Caplutta Sogn Sievi
Caplutta Sogn Martin
Caplutta Sogn Giacun
Kirche Maria Himmelfahrt
Dardin
Caplutta Sontga Clau
Kirche St. Sebastian
Schlans
Le Tuor
Burgruine Salons
Kirche St. Georg
Kapelle St. Maria im Schnee
Sumvitg/Somvix
Baselgia S.
Haus Um da Fier
Caplutta da S. Benedetg
Alte Holzbrücke
Tuor
Trun
Pleiv S. Martin
Caplutta s. Orna
Cuort Ligia Grischa
Wallfahrtskirche St. Maria Licht
Cartatscha
Ruine Friberg
Ruinenturm Ringgenberg
Obersaxen
Pfarrkirche St. Peter und Paul
Kirche St. Martin
Kapelle St. Antonius von Padua
Kapelle Heilige Drei Könige
Kapelle St. Mariä Heimsuchung
Kapelle St. Jakob des Älteren
Kapelle St. Georg
Kapelle St. Valentin
Kapelle St. Sebastian
Kapelle Johannes der Täufer
Kapelle St. Ignatius
Kapelle St. Josef
Kapelle St. Anna
Burgruine Moregg
Burgruine Schwarzenstein
Burgruine Heidenberg
Burgruine Saxenstein
Kalkbrennöfen
Mühle
Luven
Ruine Castelberg
Ref. Kirche
Flond
Kalkofen
Surcuolm
Kirche St. Georg
Morissen
Sogn Giachen e Sogn Philipp
Kapelle Sogn Carli Borromeo
Vella
Kirche Pleif - Sogn Vintschegn
Kirche Sogn Roc (St. Rochus)
Schloss de Mont
Stein der drei Schlangen
Degen
Kirche Nossadunna
Kapelle Sogn Bistgaun
Kapelle Sogn Vetger
Kapelle Sogn Antoni
Sontgaclau e Sogn Valentin
Crap da Malè
Richtplatz
Duvin
Ref. Kirch
Surcasti
Crap la Gneida
Vignogn
Pfarrkirche Sogn Flurin
Ilanz
Strada
Schnaus
Ruschein
Ladir
Siat
Rueun
Pigniu
Andiast
Waltensburg/Vuorz
Breil/Brigels
Dardin
Capeder
Schlans
Darvella
Zignau
Trun
Cartatscha
Campliun
Rabius
Surrhein
Somvix
S. Benedetg
Clavadi
Reits
Laus
Compadials
Cavardiras
Disla
Disentis/Mustér
Mompé-Medel
Luven
Flond
Surcuolm
Valata
Egga
Platenga
Affeier
Misanenga
Miraniga
Meierhof
Obersaxen
Axenstein
St. Martin
Morissen
Cumbel
Vella
Degen
Peiden
Pitasch
Duvin
Camuns
Surcasti
Tersnaus
Vignogn
Lumbrein
Bf. Rueun
Bf. Waltensburg/Vuorz
Bf. Tavanasa-Breil/Brigels
Bf. Trun
Bf. Rabius-Surein
Bf. Sumvitg-Cumpadials
Bf. Disentis
Fil de Rueun
2350 m
P. Sezner
2310 m
P. Titschal
2550 m
F. Dado
2699 m
P. Nadels
2789 m
Cavistrau
3252 m
Bifertenstock
3421 m
Piz Urlaun
3359 m
P. Russein
3614 m
P. Avat
2910 m

Ilanz - Brigels - Waltensburg

Postautoverbindung: Bf. Ilanz - Siat - Pigniu

Siat* *Schon im Jahr 831 wurde Septe (Siat) mit der Kirche* ***St. Florin oder St. Luzius*** *erstmals erwähnt. Die* ***Burgruine Friberg*** *datiert aus dem 13. Jh.*

Postauto auf dem Weg nach Pigniu

Pigniu* *Das kleine Dorf Pigniu liegt in einem steilen Nebental auf dem Weg zum einst bedeutenden Alpenübergang des* ***Panixerpasses****. An der Staumauer befindet sich ein riesiges Gemälde, das* ***Suworow-Denkmal.***

Suworow-Denkmal, Pigniu

Postautoverbindung: Bf. Ilanz - Brigels

Breil/Brigels*** *geht auf eine keltische Siedlung ‚Brigilo' zurück und war für lange Zeit Zentralhof des Klosters Disentis. Sehenswert sind die* ***Caplutta Sogn Martin*** *von 1185 und die* ***Caplutta Sogn Giacun*** *von 1515 mit ihren spätgotischen Holzleistendecken. Im Inneren der* ***Caplutta Sogn Sievi*** *aus dem 12. Jh. sind ein spätgotischer Altarschrein von 1486 und Wandmalereien aus dem 15. und 18. Jh. erhalten.*

Blick auf Waltensburg und Brigels

Postautoverbindung: Bf. Ilanz - Waltensburg - Andiast

Waltensburg*** *ist ein seit Vorzeiten besiedeltes Plateau. Sehenswert ist die* ***Ev. Kirche*** *aus dem 11. Jh. mit den berühmten Fresken an der Nordwand. Das* ***Museum***

Ruine Kropfenstein, gesehen von Obersaxen

Arcun da Tradiziun zeigt Exponate der Heimatgeschichte. Die Steinsäulen zeugen von der Zeit der Hexenprozesse im 17. Jh.*

Andiast* *Andiast (Andest) blickt auf eine lange Besiedlungsgeschichte zurück. Der Ortsname ist illyrischen Ursprungs. Die Kath. Pfarrkirche St. Julitta und Quiricus wird 1461 erstmals genannt.*

Postautoverbindung: Bf. Ilanz - Obersaxen

Postauto auf der Fahrt nach Obersaxen

Obersaxen** *Langgestreckt liegt die Gemeinde auf einer südlichen Sonnenterasse über dem Vorderrheintal. Viele Burgruinen aus dem 11. bis 13. Jh. (Moregg, Schwarzenstein, Heidenberg, Axenstein) sind Zeugnisse der bewegten Geschichte der einzelnen Siedlungen. Die Pfarrkirche St. Peter und Paul, geht auf eine karolingische Kirche aus dem 9. Jh. zurück. Im 16. und 17. Jh. wurden viele kleine Kapellen mit teilweise qualitätvoller Ausstattung errichtet. Es bieten sich zahlreiche herrliche Ausblicke ins Vorderrheintal und auf die gegenüberliegenden Orte Brigels und Waltensburg.*

Kapelle, Obersaxen

Bahnverbindung: Bf. Ilanz - Bf. Disentis

Bf. Ilanz. Hinter der Ortsgrenze von Ilanz wechselt die Bahn auf einer Brücke (56 m) wieder auf die nördliche Seite des Vorderrheins.

Rechts liegen die Siedlungen Strada auf dem Talboden und Schnaus am Sonnenhang. In der ***'Alten Pflugschmiede'*** *ist eine historische Werkstatt eingerichtet.*

=> Auf der Weiterfahrt sehen wir eine gedeckte Holzbrücke über den Rhein. Nach Norden gelangt man auf der alten Passstrasse über den Panixerpass (2407 m) nach Elm im Kanton Glarus, eine früher viel benutzte Verbindung vom Glarnerland über den Lukmanier in die Lombardei (z.B. General Suworow, Oktober 1799).

Rechts auf dem Berg ragt die ***Ruine Jörgenberg*** *auf. Diese einst grösste Burganlage im Bündner Oberland wurde 766 erstmals erwähnt, das Areal war aber bereits in der Bronzezeit besiedelt.*

Bf. Rueun *(733 m ü.M.)*

Rueun* *liegt rechts der Bahn am Berghang. Der älteste Teil der* ***Kirche St. Andreas*** *ist der romanische Turm. 1633 entstand über den Fundamenten der mittelalterlichen Kirche der heutige Bau. Direkt neben der Bahnlinie ist das Wahrzeichen Rueuns, die* ***gedeckte Holzbrücke*** *aus dem Jahr 1839/40 zu sehen. Sie hat eine Spannweite von 44 m und ist 6 m hoch.*

Alte Holzbrücke, Rueun

=> Hinter dem Bahnhof wechselt der Zug wieder auf die südliche Seite des Rheins.

Bf. Waltensburg/Vuorz *(744 m ü.M.)*

Das zugehörige Dorf Waltensburg (romanisch Vuorz) liegt auf einer Terrasse in 1000 m Höhe und ist vom Zug aus nicht zu sehen. (Postauto von Ilanz)

=> Weiter geht die Fahrt auf dem flachen Talboden.

Rechts am Felshang ist die ***Burgruine Kropfenstein** (Grottenstein)*** *zu erkennen. Die Burg wurde wie ein Adlerhorst an der Kante einer steil abfallenden Bergwand im 13. Jh. errichtet. Einige Teile werden dabei vom überhängenden Fels gebildet. Wie die Bewohner einst die Burg betreten haben, ist noch unklar.*

Bf. Tavanasa-Breil *(788 m ü.M.)*

Vom Bahnhof führen Buslinien auf die Sonnenterrasse

nach Breil/Brigels. Im Norden ist **Ruine Schwarzenstein**, nach Süden sind die **Burgen Heidenberg und Axenstein** zu sehen. Bei Zignau zeigt sich der **Burgturm Ringgenberg**.

=> Durch den Tirauntunnel (227 m) sowie den nach dem Unwetter von 1986 neu erstellten Plauncatunnel und einer 83 m langen Rheinbrücke erreichen wir den nächsten Bahnhof.

Bf. Trun *(852 m ü.M.)*

Trun* *wurde an der Einmündung des Val Punteglias gegründet. Die barocke Saalkirche* ***Pleiv S. Martin*** *hat noch einen romanischen Turm. Die* ***Caplutta s. Onna*** *erinnert an den 16. März 1424, als hier der 'Obere' oder 'Graue Bund' beschworen wurde. Im* ***Cuort Ligia Grischa*** *zeigt das Museum Sursilvan Trachten und eine Waffensammlung. 1663 wurde die* ***Wallfahrtskirche St. Maria Licht*** *erbaut. Im* ***Disenter Hof*** *tagten einst die Bundesversammlungen des Grauen Bundes. Von der Feste Ringgenberg von 1250 sind Reste des Turms und der Ringmauer erhalten.*

Ruine Ringgenberg, Trun

Caplutta s. Onna, St. Anna, Trun

Bf. Rabius-Surrein *(928 m ü.M.)* Weiter geht die Fahrt durch das hügelige Wiesenland mit zahlreichen Weilern und Kapellen. Oberhalb der Bahn nach Norden liegt das Bergdorf Rabius. Nach Süden geht der Blick ins **Somvixer Tal** mit dem **Pfarrdorf Surrein**. Dort liegt das **Kurbad Tenigerbad** mit seinen bittersalzhaltigen Quellen. Im Hintergrund sehen wir den 3168 m hohen **Piz Vial**.

Bf. Sumvigt-Cumpadials *(982 m ü.M.)*

Sumvitg* *Die barocke* ***Baselgia S.Giusep*** *mit sehenswertem Hochaltar wurde in den Jahren 1641-1643 erbaut. 1570 entstand das* ***Haus Um da Fier*** *mit den*

Wandmalereien. In modernem Stil, verkleidet mit traditionellen Holzschindeln, liess das Kloster Disentis 1988 die ***Caplutta da S. Benedetg*** *errichten.*

Alte Holzbrücke, Sumvitg

=> Nun wird das Gelände für die Bahnstrecke schwieriger, was den Bau von 14 Viadukten und zahlreichen Stützmauern erforderte. Wir überqueren den Russein-Viadukt (105 m, 56 m hoch), die grösste Brücke der Strecke. Hinter der neuen Strassenbrücke ist kurz die ***alte gedeckte Holzbrücke*** zu erkennen. Kurz darauf folgt der Val-Lumpegna-Viadukt (150 m). Nach Süden erheben sich die Berge Piz Cavardiras und ***Piz Ault***.

Bf. Disentis *(1130 m ü.M.)* Der Bahnhof Disentis wird von Rhätischer Bahn und Furka-Oberalp-Bahn gemeinsam betrieben. Für jedes Unternehmen steht ein Lokschuppen zur Verfügung. Beide Bahnen fahren auf Meterspurgleisen. Die RhB bewältigt die Steigungen ohne Zahnstangen im Gegensatz zur Matterhorn-Gotthard-Bahn, MGB (ehm. Furka-Oberalp-Bahn, FO), deren Zahnstangenabschnitte (System Abt) bis zu 110‰ Neigung aufweisen. Da RhB und MGB ihr Wagenmaterial austauschen, kann der Glacier-Express als langsamster Schnellzug zwischen den weltbekannten Orten St. Moritz im Engadin und Zermatt im Wallis durchgehend eingesetzt werden.

MGB-Lok vor dem Glacier-Express Richtung Zerm

Vom Bf. Disentis besteht eine Postautoverbindung durchs Val Medel zum Passo del Lucomagno (Lukmanier-Pass) und durchs Valle di Blenio zum Bf. Biasca der SBB mit Anschluss Richtung St. Gotthard, nach Bellinzona oder Lugano.

Disentis - Oberalp-Pass - Andermatt

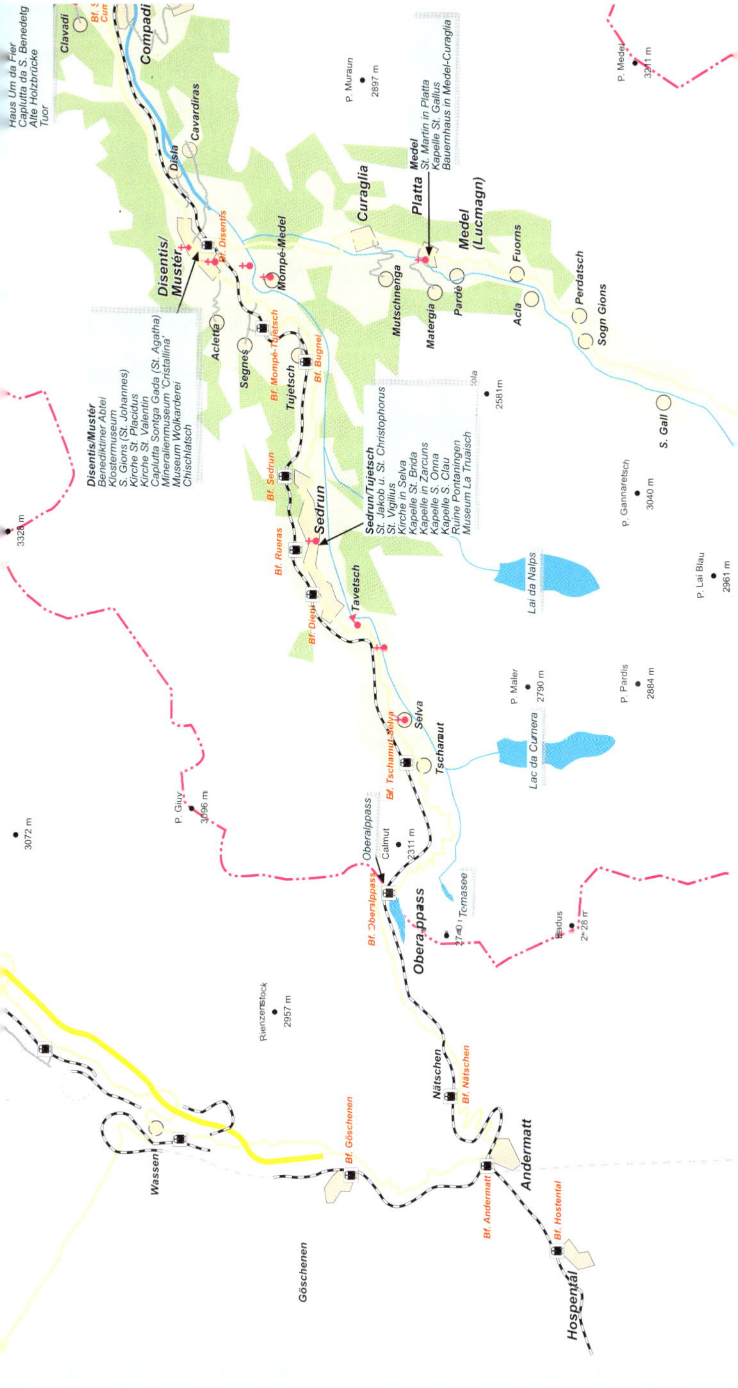

Disentis/Mustér* wird häufig die ‚Wiege Graubündens' genannt. Sehenswert ist die **Benediktiner Abtei**, deren Ursprünge auf das Jahr 720 zurückgehen. Über drei älteren Kirchen erbaute man die mächtige barocke Klosteranlage zwischen 1685 und 1704. Die **Pfarrkirche S. Gions**, 1640 barock errichtet, beherbergt einen spätgotischen Flügelaltar von 1489. Anfang des 9. Jh. entstand die **Kirche St. Placidus,** der älteste Sakralbau in der Region. Das **Dorfmuseum 'La Truaisch'** zeigt neben historischen Gegenständen die wertvollste Mineraliensammlung der Schweiz.

Benediktiner Abtei, Disentis

Postautoverbindung: Bf. Disentis - Lukmanier-Pass - Bf. Biasca

Val Medel** Nach Süden durch die enge **Schlucht 'La Saissa'** zum **Lukmanierpass** (1919 m ü.M.) erstreckt sich das Val Medel mit typischen aus Stein und Holz gebauten Häusern. Sehenswert sind die barocke **Kirche St. Martin in Platta** von 1744 und die **Kapelle St. Gallus** aus dem 11. oder 12. Jh. mit frühgotischen italienischen Wandmalereien aus der ersten Hälfte des 14. Jh. Vor dem Pass liegt der grosse **Stausee Santa Maria**.

St. Martin, Medel-Platta

Bahnverbindung mit MGB: Bf. Disentis - Sedrun - Oberalp-Pass - Andermatt

=> Vom Bahnhof aus durchfahren wir den Disentistunnel, der vor wenigen Jahren auf 262 m verlängert wurde. Hinter dem Tunnel hat man einen schönen Blick zurück auf Disentis mit dem mächtigen Kloster. Mit Hilfe der Zahnstange geht es nun stetig bergauf. Bis zum Oberalpsee empfiehlt es sich links zu sitzen!

HSt. Acla da Fontauna. *(1274 m ü.M.)* Zurück ein schöner

`FO' auf dem Weg zum Oberalp-Pass

Ausblick auf Disentis mit dem Kloster.

HSt. Segnes *(1276m ü.M.)* Der Ort liegt im Val Segnes, das wir auf einem Viadukt überquert haben. Nach Süden erkennen wir den Ort ***Mumpé Medel*** mit seiner weissen Kirche.

HSt. Mompé Tujetsch (1394 m ü.M.) Unterhalb windet sich die tief eingeschnittene Klamm des Vorderrheins.

Brücke mit einem (FO) MGB-Zug

HSt. Bugnei *(1411 mü.M.)* Den Wildbach Bugnei überquert die Bahn auf einem hohen gemauerten Viadukt.

Bf. Sedrun *(1441m ü.M.)*

St. Vigilius, Tujetsch-Sedrun

Sedrun*, *bedeutendster Ortsteil von Tujetsch, wird 1205 erstmals urkundlich erwähnt. Der romanische Turm der sonst barocken* ***Kirche St. Vigilius*** *datiert aus dieser Zeit. Erst durch die Eröffnung der Furka-Oberalp-Bahn 1926 entwickelte sich der Tourismus im Val Tavetsch.*

=> Früher arm und abgelegen, seit der Ausweitung der Oberländer Kraftwerke (Kraftwerke Vorderrhein AG) und der Anlage der ***Stauseen Nalps***, ***Curnera*** und ***Sta. Maria*** erstarkte der Ort wirtschaftlich und weist zahlreiche Neubauten auf.

Bf. Rueras *(1447 m ü.M.)*

Rueras* *Schöne Holzhäuser gruppieren sich um die kleine* ***Kirche St. Jakob und St. Christophorus*** *auf dem grünen Schuttkegel des Val Mila.*

Panorama, Tujetsch

Bf. Dieni *(1452 m ü.M.)*

Dieni* *Die Ruinen der* ***Burg Pontaningen*** *von 1200, Stammsitz eines Gründers des 'Grauen Bundes', liegen unterhalb der kleinen Ortschaft.*

=> Nach der Ausfahrt aus dem Bahnhof bietet sich ein herrlicher Ausblick zurück auf die Umgebung von Sedrun, dem Hauptort im Val Tavetsch.

Die ***Kapelle St. Brida*** *wurde als Dank für die Verschonung des Viehs vor einer Seuche errichtet.*

=> Nun wird der Zug langsam und man hört das Einrasten der Zahnstange. Oberhalb der Bahn befinden sich Lawinenverbauungen zum Schutz der Häuser und der Verkehrswege.

Ruine Pontaningen in Dieni, Tujetsch

Bf. Tschamut-Selva *(1701 m ü.M.)*

Selva *wurde mit seiner Kirche nach Lawinen und Bränden, zuletzt 1949, mehrfach neu aufgebaut. Der* ***Luftkurort Tschamut*** *ist umgeben von hochalpiner Landschaft. Nach Süden erkennen wir die mächtige Staumauer des 2,2 km langen Stausees* ***Lac da Curnera*** *in 1956 m ü.M.*

Kapelle St. Brida, Tujetsch

Disentis - Oberalp-Pass - Andermatt

=> Weiter klettert unser Zug mit Hilfe der Zahnstange am Sonnenhang des Calmut (2311 m) bergauf dem Pass entgegen. Die Strecke wird geschützt durch Lawinengalerien und verschiedene Tunnel, so auch dem 1941 in Betrieb genommenen Oberalp-Pass-Tunnel mit Galerie.
In der letzten Kurve vor dem Pass ist links ein kleiner Wasserfall zu erkennen. Es ist der Rhein kurz hinter seiner ***Quelle,*** *dem* ***Tomasee.***

Zahnstangenabschnitt

Bf. Oberalp-Pass - Calmot *(2033 m ü.M.)* Hier ist der höchste Punkt der Matterhorn-Gotthard-Bahn MGB (ehem. Furka-Oberalp-Bahn, FO) erreicht.

Oberalp-Pass*. *Der Pass verbindet Disentis mit Andermatt im Kanton Uri. Besonders die Dreitausender als Kulisse und der Blick auf den Oberalp-See machen eine Fahrt über den Pass lohnenswert. Vom Bahnhof führt eine 2-stündige Wanderung zur* ***Rheinquelle*** *am* ***Tomasee***.

=> Nachdem wir den Bf. Oberalppass verlassen haben, durchfahren wir die Lawinenschutzgalerie (731 m), die Bahn und Strasse schützt. Ausbrüche in der Wand geben kurze Ausblicke auf den 1,2 km langen Oberalpsee frei. Das Wasser aus dem Oberalpsee fliesst der Reuss in Andermatt zu. Durch das kahle Hochtal geht es auf der Zahnstange parallel zur Passstrasse abwärts nach Nätschen.

Bf. Nätschen *(1843 m ü.M.)* Die Strecke verläuft nun in starkem Gefälle. Mit Hilfe der Zahnstange fährt der Zug an einem aussichtsreichen Wiesenhang stetig abwärts. In drei Kehrtunneln ändert er die Richtung am Hang. Ein herrlicher Ausblick bietet sich auf die tief im Tal liegenden Häuser von Andermatt, das Urserental und

Oberalp-Pass mit See

das Gotthardmassiv, die mit jeder Schleife näherkommen. Zu sehen ist auch die Bahnstrecke der MGB zum Furkatunnel. Tief unter dem Talboden verlaufen der Gotthard-Autotunnel und der alte Gotthard-Eisenbahntunnel.

Abstieg nach Andermatt

Bf. Andermatt *(1452 m ü.M.)* Im Bahnhof Andermatt trifft von Göschenen die 1917 als eigenständige Zahnradbahn in Meterspur eröffnete Strecke der Schöllenenbahn ein. Die Matterhorn-Gotthard-Bahn übernahm 1961 den Betrieb.

Andermatt mit MGB-Bahnhof

Das Stromsystem wurde der Stammstrecke angepasst und moderne Fahrzeuge wurden beschafft.

Eine Fahrt mit der Schöllenenbahn nach Göschenen ist empfehlenswert. Sie folgt mit Hilfe der Zahnstange dem steilen Saumweg. Parallel verläuft die Strasse in vielen Serpentinen. Sehenswert sind die alte Brücke aus der Römerzeit und die Teufelsbrücke.

Im Bf. Göschenen besteht Anschluss an die Gotthard-Bahn, eine europäische Nord-Süd-Strecke durch die Alpen nach Luzern - Basel oder nach Lugano - Mailand.

Schöllenenschlucht

Reichenau - Thusis

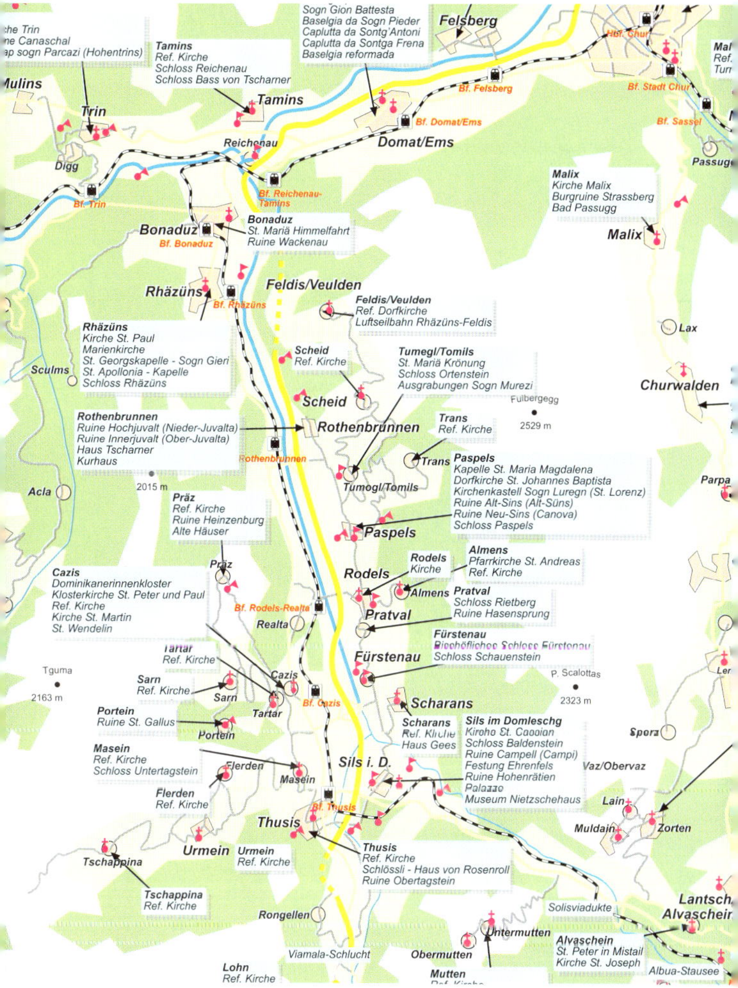

Am 1. Juli 1896 wurde die Bahnstrecke Chur-Thusis in Betrieb genommen. Acht Jahre später war dann auch die Verbindung zwischen der Hauptstadt Chur und dem Oberengadin fertig gestellt.

Chur - Reichenau => Seite RhB-32

Bahnverbindung: Bf. Reichenau - Bf. Thusis

Bf. Reichenau-Tamins *(604 m ü.M.)*

Tamins* *Die besondere Lage des Ortes am Zusammenfluss der beiden Rheinquellflüsse bedingt auch seine lange Siedlungsgeschichte. Sehr eindrucksvoll ist das* ***Schloss Reichenau****, das auf eine wechselvolle Geschichte zurückblicken kann. Sehenswert ist auch die*

Schloss Reichenau, Tamins

neubarocke Anlage des ***Schlosses Bass von Tscharner (Schlössli)*** *aus den Jahren 1906/07. Auf einem Felssturzhügel vom Kunkelspass kann man den* ***neugotischen Turm der Ref. Kirche*** *erblicken.*

=> Rechts unter der Brücke sind der Zusammenfluss von Hinter- und Vorderrhein und **Schloss Reichenau** sichtbar. Hinter der stählernen Fachwerkbrücke (151 m) über den Hinterrhein verzweigen sich die Bahnlinien Chur-Disentis und Chur-Filisur-St. Moritz. Die Strecke ins Domleschg zweigt nach Süden ab und führt in einer lang gestreckten Linkskurve durch den Wald auf die Terrasse von Bonaduz.

Zusammenfluss von Vorder- und Hinterrhein

Bf. Bonaduz *(662 m ü.M.)*

Bonaduz. *Auf einer Terrasse, die sich durch die Bergstürze und die aufgestauten Rheinarme bildete, entstand Bonaduz. Leider zerstörte 1908 ein verheerender Brand das historische Ortsbild. Zu besichtigen sind aber noch die* ***Kath. Pfarrkirche St. Mariä Himmelfahrt****, die noch Reste von einer Kapelle aus dem 15. Jh. enthält, und die* ***Ruine Wackenau*** *auf einem Plateau über dem Vorderrhein.*

=> Vor Rhäzüns steht links auf bewaldetem Hügel die **St.-Georg-Kapelle**.

Bf. Rhäzüns *(658 m ü.M.)*

Rhäzüns** *Das malerische Bauerndorf auf einer Anhöhe über dem Fluss gruppiert sich um die* ***Kirche St. Paul,*** *die ursprünglich aus dem 11./12. Jh. stammt, aber über die Jahrhunderte mehrfach verändert wurde. 1697 liess man die barocke* ***Marienkirche*** *errichten. Besonders sehenswert ist die* ***St.-Georg-Kapelle*** *mit einer vollständigen hochgotischen Ausmalung von ca. 1340. Die* ***St.-Apollonia-Kapelle*** *wurde 1711 direkt an*

Schloss Rhäzüns, Rhäzüns

die Marienkirche angebaut. Vom ***Schloss Rhäzüns****, bereits im 8. Jh. in einer Urkunde genannt, sind bis heute mehrere Wohnbauten, die Ringmauer, der Torturm, der Kapellentrakt und das äussere Tor erhalten geblieben.*

=> Nach der Weiterfahrt fällt die ***Luftseilbahn nach Feldis*** mit ihren mächtigen Kabeln auf. Entlang starker Dämme, die das Geröllbett des Hinterrheins einfassen, führt die Strecke weiter Richtung Süden. Nach Osten kommen die Mauerreste der alten ***Burg Nieder-Juvalta*** in den Blick. Das 'Rhäzünser Tafelwasser' wird zwischen Rhäzüns und Rothenbrunnen abgefüllt.

Bf. Rothenbrunnen *(625 m ü.M.)*

Rothenbrunnen* *Bereits 1566 wurde Rothenbrunnen als Bad erwähnt. Das* ***Kurhaus*** *über der jodeisenhaltigen Heilquelle ist ein spätklassizistischer Bau. Die Herren von Juvalt hinterliessen zwei Burgen. Während die* ***Ruine Hochjuvalt*** *(Nieder-Juvalta) schon aus dem 12. Jh. stammt, entstanden die Bauten der* ***Ruine Innerjuvalt*** *(Ober-Juvalta) um 1250. Sehenswert ist auch das im Stil der Spätgotik erbaute* ***Haus Tscharner****.*

Ruine Oberjuvalta, Rothenbrunnen

=> Nach der Ausfahrt aus dem Bahnhof liegt rechts das ***Kraftwerk der Zervreila AG***, das sein Wasser über zwei mehr als 11 km lange Stollen aus den Tälern Safien und Vals bezieht. Das Tal verbreitert sich nun zum Domleschg. Über dem Fluss auf der anderen Seite ragt ***Schloss Ortenstein*** auf. Nun folgen die ***Burgruine Alt-Sins***, hoch am Berg die Gemeinde Trans und auf der bewaldeten Hügelkuppe die ***Ruine Neu-Sins***.

Bf. Rodels-Realta *(643 m ü.M.)*

Rodels* *Der Hauptort des Domleschg mit Ursprüngen im 12. Jh. liegt auf der rechten Rheinseite. Mehrere histo-*

rische Bauten, ***Haus Blumenthal, Haus Jecklin*** *und die* ***Kirche Hl. Christophorus und Hl. Jakobus der Ältere*** *prägen das Ortsbild. Darüber erhebt sich* ***Schloss Rietberg****.*

Schloss Ortenstein, TumeglTomils

=> Die Fahrt führt weiter nach Cazis, das das älteste Kloster Graubündens beherbergt.

Schloss Rietberg, Pratval

Bf. Cazis *(661 m ü.M.)*

Cazis** *Am Fusse des Heinzenberges liegt Cazis in einer Region, die schon um 2000 v. Chr. besiedelt war. Aus nicht ganz so alter Zeit stammt das* ***Dominikanerinnenkloster,*** *das um 700 durch den Bischof von Chur gegründet wurde. Die* ***Pfarr- und Klosterkirche St. Peter und Paul*** *verfügt nur über ein einschiffiges, spätgotisches Langhaus. Weitere Gotteshäuser sind die moderne* ***Ref. Kirche*** *von 1996, die* ***Kirche St. Martin****, deren Ursprünge sogar im 7. Jh. liegen, und die kleine* ***romanische Kapelle St. Wendelin****.*

Dominikanerinnenkloster, Cazis

=> Gleich nach Ausfahrt aus dem Bahnhof ist links ***Schloss Fürstenau*** zu sehen. In der Kurve bietet sich ein umfassender Blick in die Schynschlucht, durch die die Bahnlinie weiter ins Albula-Tal führt. Darüber ragt der 3159 m hohe Piz Mitgel auf. Die ***Burgruine Hohenrätien*** erhebt sich hoch über dem Bahnhof von Thusis.

Ruine Höhenrätien (Hochrialt) *Bis weit in prähistorische Zeit reicht die Nutzung und Besiedlung dieses* *markanten Plateaus auf dem Felsvorsprung bei Sils.*

=> Links erkennt man die **Feste Ehrenfels**.

Ruine Hohenrätien,Sils im Domleschg

Bf. Thusis *(701 m ü.M.)* Der Bahnhof Thusis wurde in jüngster Zeit durch einen völligen Neubau dem steigenden Verkehr angepasst.

Vom Bf. Thusis bestehen Postautoverbindungen auf den Heinzenberg und ins Domleschg.

Thusis*** *Die verkehrsgünstige Lage im Schnittpunkt mehrerer Täler und am Fuss bedeutender Alpenübergänge kennzeichnen den Ort. Trotz verheerender Brandkatastrophen haben sich in dem wichtigen Etappenort am Eingang zur berühmten 'Via Mala' im Altort einige sehenswerte Bauwerke erhalten. Dazu zählen das* ***Schlössli (Haus von Rosenroll)**** *aus dem späten 17. Jh., die in spätgotischem Stil errichtete Ref. Kirche und die* ***Ruine Obertagstein**, deren besonderes Merkmal ihre abenteuerliche Lage ist. Beeindruckend ist natürlich auch die* ***Viamala-Schlucht*****, die grösste Schlucht in Graubünden.*

Thusis, im Hintergrund Höhenrätien

Postautoverbindung: Thusis-Tartar-Präz-Sarn-Portein

Tartar. *Die* ***Ref. Kirche*** *hat sich aus einer 1505 erwähnten Kapelle entwickelt.*

Präz. *Im Dorfkern des Ortes, der 1290 zum ersten Mal in einer Urkunde auftaucht, lassen sich zahlreiche ver-*

Ref. Kirche, Sarn

zierte Häuser des 17. und 18. Jh. entdecken. Der Turm und das Schiff des Kirchenbaus der **Ref. Kirche** *gehen auf das Jahr 1488 zurück. Die Burganlage der heutigen* **Ruine Heinzenberg** *errichtete man nach 1200 auf einem spornartigen Felshügel.*

Sarn* *Das stattliche Dorf war im Mittelalter Haupt- und Gerichtsort des Heinzenbergs. Zahlreiche* **herrschaftliche Häuser** *des 17.-19. Jh. machen das Ortsbild aus. Den Dorfplatz dominiert ein grosser* **achteckiger Brunnen,** *der noch immer als Viehtränke dient. Die Ref. Kirche von 1686 ist aussen durch Blendarkaden gegliedert und mit Sgraffitomalereien geschmückt.*

Portein. *In der kleinsten Gemeinde des Heinzenbergs erinnern an der* **Ruine St. Gallus** *3 Linden an den berühmten Arzt Anton Grass, der hier lebte und wirkte.*

Postautoverbindung: Thusis - Masein - Flerden - Urmein - Tschappina

Masein. *Der Ursprung des Dorfes liegt in einem Meierhof des Klosters Cazis. Anfang des 16. Jh. gestaltete man die Kapelle von 1441 so um, wie die Ref. Kirche heute noch zu sehen ist. Die Ursprünge des* **Schlosses Untertagstein** *reichen bis in das 13. Jh. zurück.*

Ref. Kirche, Tschappina

Flerden. *Am sanft geneigten Hang des oberen Heinzenbergs liegt die Berggemeinde, die sich ihr* **ursprüngliches Dorfbild** *erhalten hat. Zu diesem Erscheinungsbild gehört auch die* **spätgotische Ref. Kirche St. Leonhard** *aus der Zeit um 1450.*

Urmein. *Der letzte Ort an der Heinzenberger Römerstrasse vor dem Glas-Pass war ein wichtiger Güterumschlagplatz. Heute ist hier die* **Ref. Kirche** *aus den Jahren 1720-22 zu besichtigen.*

Tschappina. *Die am höchsten liegende Gemeinde des Hein-*

zenbergs ist eine typische **Walser Streusiedlung** mit einer **Ref. Kirche** von etwa 1600.

Postautoverbindung ins Domleschg: Scharans - Fürstenau - Almens - Pratval - Rodels - Paspels - Trans - Tumegl/Tomils - Scheid und Feldis/Veulden

Scharans. *Der gut erhaltene Dorfkern gehört zu den schützenswerten Ortsbildern der Schweiz. Kein Brand zerstörte die gewachsene Bausubstanz. Die* ***historischen Häuser*** *aus dem 17. Jh. sind oft mit Malereien, Inschriften oder Wappen geschmückt. Das von Hans Ardüser bemalte Haus Gees stammt aus den Jahren 1540 und 1615, während man den ältesten Teil der* ***Ref. Kirche*** *in die romanische Zeit datiert.*

Blick ins Domleschg

Fürstenau* *Die geschichtsträchtige Gemeinde entstand aus dem Verwaltungssitz und der Residenz der Churer Bischöfe. Noch heute existiert das* ***Bischöfliche Schloss Fürstenau****, das durch Bauten des 17. und 18. Jh. weitgehend überlagert wurde. Die verfallene* ***Wehranlage Schloss Schauenstein*** *wurde in den Jahren 1667 - 1676 grundlegend erneuert.*

Almens. *An der Verbindung zum oberen Weg über den Septimer-Pass nach Süden liegt der beschauliche Ort, der 926 erstmals unter dem Namen 'Lumen' Erwähnung fand. Historische Bauten sind die* ***Pfarrkirche St. Andreas,*** *die seit 1451 namentlich in Urkunden auftaucht, und der* ***Turm*** *aus dem 13. Jh. Das barocke Gebäude der* ***Ref. Kirche*** *stammt aus dem Jahr 1694.*

Sils im Domleschg

Pratval** *Hier können das* **Schloss Rietberg**, *dessen älteste Teile aus der Zeit um 1200 stammen, und die* **Ruine Hasensprung** *besichtigt werden.*

Rodels. *Beschreibung siehe Bahnhof Rodels-Realta => S. RhB-61.*

Ruine Neu-Sins, Paspels

Paspels** *Die Ortschaft wurde erstmals 1237 erwähnt. Aus der Zeit um 1200 stammen die Reste der* **Ruine Alt-Sins** *(Alt-Süns), während die Ruine* **Burg Neu-Sins** *(Canova/ Neu-Süns) von den Freiherren von Vaz in der Mitte des 13. Jh. errichtet wurde. Als kleine* **romanische Kirche** *präsentiert sich das* **Kirchenkastell St. Lorenz**, *das spätromanische Wandmalereien von 1200 aufweist. Weitere Gotteshäuser sind die* **romanische Kapelle St. Maria Magdalena** *und die* **Dorfkirche St. Johannes Baptista** *mit dem barocken Hochaltarbild aus Italien. Das 1695 erbaute* **Schloss Paspels** *wurde in den Jahren 1730 und 1892 neu gestaltet.*

Trans. *Das kleine Bauerndorf bestand wohl schon im 9. Jh. Im Jahr 1944 fiel fast das ganze Dorf einem Grossbrand zum Opfer. Erhalten geblieben ist jedoch die* **Ref. Kirche**, *deren Bau aus dem Jahr 1518 stammt.*

Tumegl/Tomils* *Schon seit 1500 v. Chr. ist das Gebiet von Tomils besiedelt. Aus der mittelalterlichen Bezeichnung 'Tumleschg' leitet sich der Name der Region 'Domleschg' ab. Die Attraktionen von Tumegl sind das von den Grafen von Werdenberg errichtete* **Schloss Ortenstein**, *die* **Pfarrkirche St. Mariä Krönung** *mit einer geschnitzten Kanzel von 1678 und die* **Ausgrabungen Sogn Murezi**, *bei denen man die Überreste der Dreiabsidenkirche entdeckte.*

Scheid. *Die beiden Häusergruppen Unter- und Oberscheid bilden die einzige noch romanisch sprechende Gemeinde im Domleschg. Sehenswert ist die* **Ref. Kirche**, *deren Chor 1523 mit einem Sternengewölbe ausgestattet wurde.*

Feldis/Veulden* *Hoch über dem Rheintal auf einer sonnenverwöhnten Terrasse liegt das stark landwirtschaftlich geprägte Dorf. Sehenswert sind die* **Ref. Dorfkirche**, *die mehrere Umbauten erlebt hat, und die* **Luftseilbahn Rhäzüns-Feldis**. *Seit 1958 ist die Seilbahn in Betrieb und bietet während der Fahrt eine beeindruckende Panorama-Aussicht.*

Thusis - Tiefencastel - Filisur

Das Albulatal. *Am gleichnamigen Pass entspringt die Albula, die auch dem Tal den Namen leiht. Beim Zusammenfluss mit dem Landwasser biegt das zuerst nordwestlich verlaufende Tal leicht nach Südwesten ab. Gemeinsam mit den Wassern der Julia zwängt sich der Fluss dann durch die Schynschlucht und mündet hinter Sils im Domleschg in den Hinterrhein.*

Postbusverbindung: Bf. Thusis - Mutten

Mutten* *Bereits 1365 wird der abgelegene Ort erwähnt. Seit dem 14. Jh. ist er von Walsern besiedelt. Die* ***Ref. Kirche in Obermutten*** *ist die einzige vollständig aus Holz gefertigte Kirche der Schweiz. Die* ***Ref. Kirche Untermutten*** *hat einen polygonalen Chor und einen 4-geschossigen Turm.*

Kirche, Obermutten

Bahnverbindung: Bf. Thusis - Bf. Tiefencastel

=> Die Bahnlinie biegt nach Osten ins Albula-Tal ab. Bei der Überquerung auf der 228 m langen Brücke über den Hinterrhein, ist nach rechts ein kurzer Blick in die ***'Via Mala'-Schlucht*** möglich. Hier führt der über tausend Jahre alte Saumpfad durch die von 500 m hohen Kalkfelsen gebildete Klamm des Hinterrheins über den St.-Bernardino-Pass nach Italien. Im Albula-Tal folgt die 12 km lange ***Schynschlucht*** mit vielen Tunnel und Brücken. Zurück bietet sich ein herrlicher Blick ins Domleschg mit seinen Ruinen, Burgen und Dörfern sowie auf die Hänge des Heinzenbergs.

Bf. Sils im Domleschg *(739 m ü.M.).*

Sils im Domleschg*** *Die strategisch wichtige Lage im Mündungsdreieck von Albula und Hinterrhein vor dem Zugang zu Schynschlucht und Via Mala belegen zahlreiche vorgeschichtliche Funde, Rui-*

St. Cassian, Sils im Domleschg

nen, Burgen und Herrschaftssitze im Ort. Zu diesen Bauten gehören das ***Schloss Baldenstein****, das nach einem Brand 1877 wieder aufgebaut wurde, die* ***Ruine Campell (Campi)******, die früher unter dem Namen Hochrialt bekannte Anlage der* ***Ruine Hohenrätien****** *und die 1937 wieder aufgebaute* ***Festung Ehrenfels****. Auch die* ***Kirche St. Cassian***** *und das Herrschaftsgebäude des Palazzo zählen dazu. Das* ***Museum Nietzschehaus*** *präsentiert eine umfassende Ausstellung über den Philosophen.*

Ruine Campi, Sils im Domleschg

=> Nach der Ausfahrt aus dem Bahnhof erscheint links die auf einem Hügel stehende **Kapelle St. Cassian**, dahinter **Schloss Baldenstein**. Unten im Tal arbeitet das Maschinenhaus der Kraftwerke Hinterrhein, das auch die RhB mit Strom versorgt. In der engen **Schynschlucht** windet sich die Bahn durch 9 Tunnel und führt über drei grosse Brücken bis zur Station Solis. Hinter dem Campi-Tunnel (217 m) fällt der Blick zurück auf die **Ruine Campi**, über die sonnige Talmulde zum Heinzenberg und zum Piz Beverin.

Ruine Campell *(kurz vom Zug aus zu sehen) um 1200 über dem Eingang zur Schynschlucht errichtet, besteht heute noch aus einem Turm, mehreren*

Solisviadukt

Wohngebäuden, einer Zisterne und einer Ringmauer.

=> Nun folgen Cugnieler-Tunnel, Versasca-Tunnel (694 m), die Pflanzgarten-Tunnel I und II, Passmal-Tunnel und nach der Querung des Lochtobels der Solis-Tunnel (986 m).

Es bietet sich ein weiter Ausblick auf die andere Talseite mit den Sonnenweilern von Obervaz: Zorten, Muldain und Lain.

(Bf. Solis) *(854 m ü.M.).* Der Bahnhof am Ende der Schynschlucht wird zur Zeit nicht bedient. Auf dem 89 m hohen und 164 m langen aus Naturstein errichteten ***Solis-Viadukt******, dem höchsten der Rhätischen Bahn, wechseln wir über die Albula. Rechts ist kurz der Stausee des Albula-Kraftwerkes zu sehen.

St. Peter in Mistail, Alvaschein

Alvaschein. *Am **alten Schynweg** von Thusis nach Tiefencastel liegt der 1154 als 'Alvisinis' urkundlich fassbare Ort. Auf einem Felsvorsprung in Mistail hat sich die **Kirche St. Peter in Mistail***** des **ehem. Frauenklosters** aus der Zeit um 800 erhalten. In den Jahren 1653 - 1657 entstand die barocke **Pfarrkirche St. Joseph.** Lohnenswert ist auch ein Besuch des Albula-Stausees und der Solis-Viadukte. Über die erste schmale Brücke führt der alte Weg in die **Schynschlucht****, während eine moderne Strassenbrücke den Verkehr bewältigt.*

=> Es folgen der Alvaschein-Tunnel (609 m) und zuletzt der Mistail-Tunnel (299 m) vor Tiefenkastel. Blickt man zurück, ist rechts der Turm der ***karolingischen Kirche in Mistail****** zu erkennen.

St. Stephan, Tiefencastel

Bf. Tiefencastel *(887 m ü.M.)*

Vom Bf. Tiefencastel bestehen Postautoverbindungen nach Chur über Lenzerheide, nach St. Moritz über den Julier-Pass, nach Mon und

Stierva auf der südl. Bergterrasse und nach Davos über Schmitten und Wiesen, die nördlich der Bahnlinie nach Filisur liegen und nicht mit der Bahn erreichbar sind.

Burg La Tor, Stierva

Tiefencastel* *An der Verzweigung zum Julier- bzw. Albula-Pass liegt der Hauptort des Albulatals. Das im Frühmittelalter zu einer befestigten Siedlung ausgebaute Dorf beherbergt die* ***barocke Pfarrkirche St. Stephan*** *von 1650-1663, die mit beachtlichen Malereien und Schnitzereien ausgestattet ist.*

Postautoverbindung: Tiefencastel - Mon - Stierva

Mon* *Hoch über der Mündung der Julia in die Albula liegt auf einer Sonnenterrasse das Bauerndorf mit der alten* ***Pfarrkirche St. Cosmas und Damian****, bereits um 850 urkundlich verzeichnet, und der barocken* ***Pfarrkirche St. Franziskus****.*

Stierva* *Auf dem Gebiet von Stierva befand sich schon 1800 v. Chr. eine Eisenschmelze. Heute sind die um 1275 errichtete* ***Burg La Tor*** *und die* ***gotische Kirche Maria und Magdalena****, deren Geschichte bis in das 9. Jh. zurückreicht, zu besichtigen.*

Postautoverbindung: Tiefencastel - Schmitten - Wiesen - Davos

Schmitten* *Der Name 'Schmitten' leitet sich vom deutschsprachigen 'Schmied' ab. Sehenswürdigkeiten des alten Siedlungs- und Wirtschaftsgebietes sind die Wandbilder von 1350 in der* ***Kapelle St. Luzius****, die barocke* ***Pfarrkirche Allerheiligen*** *und das* ***Postgebäude*** *von 1706. Vom seltenen Kreuzweg den Kirchenhügel aufwärts sind 8 Stationen erhalten.*

Pfarrkirche mit Kapelle St. Luzius, Schmitten

Bahnfahrt: Tiefencastel nach Filisur

=> Die Bahnstrecke schlängelt sich kurvenreich am Berghang entlang. Hinter dem Tiefencastel-Tunnel (26 m) ist links auf einem Felssporn die mächtige **Ruine Belfort** nur schwer zu erkennen.

Bf. Surava *(942 m ü.M.)*

Surava* *Das lang gezogene Strassendorf beherbergt viele Gewerbebetriebe. Die **Pfarrkirche St. Georg** ist mit einem kunsthistorisch bedeutsamen Hochaltar des 17. Jh. ausgestattet. Das **Haus Brancaleone** gilt als erstes Engadiner Haus im unteren Albulatal.*

Ruine Belfort, Brienz

=> Vor der Station Alvaneu ergiesst sich rechts der **Wasserfall aus dem Schaftobel** zwischen Piz Mitgel (rechts) und Tinzenhorn.

Bf. Alvaneu *(1003 m ü.M.)*

Alvaneu* *Die **schwefelhaltigen Quellen** von Bad Alvaneu sind seit dem 15. Jh. bekannt. In Dorf Alvaneu haben sich sehenswerte restaurierte Häuser mit Malereien und Sgraffiti sowie kunstvoll geschmiedete Balkon- und Fenstergitter erhalten.*

=> Die Strecke führt weiter am Dorf Alvaneu vorbei, dahinter ragt der 3268 m hohe Piz Uertsch auf. Am Hang entlang geht es bis zum 137 m langen und 35 m hohen Schmittentobel-Viadukt über eine Schlucht. Hinter

Landwasser-Viadukt

Bahnhof Filisur

dem nächsten kurzen Tunnel nähern wir uns dem Höhepunkt der Albulastrecke. Schon ist Filisur zu erkennen, doch die Bahnstrecke holt weit aus und überquert in langsamer Fahrt auf dem im Bogen verlaufenden Viadukt die Landwasser. 130 m lang und 65 m hoch mit einem Kurvenradius von 100 m überspannt der **Landwasser-Viadukt** Tal und Fluss und führt auf der anderen Seite direkt in einen Tunnel in der senkrecht abfallenden Felswand. Die sechs Brückenbögen haben eine lichte Weite von je 20 m. Der Kurvenbogen weist die engste Krümmung aller RhB-Kurven mit nur 100 m Radius auf.

Ruine Greifenstein, Filisur

Zum Fotografieren sollte man in Filisur aussteigen und den Fussweg zu den zwei Aussichtspunkten nutzen.

=> Hinter dem Landwassertunnel (216 m) erreicht die Strecke den Bahnhof Filisur.

Bf. Filisur *(1084 m ü.M.)* Bahnhof und Gleisanlagen des Knotenpunktes wurden in den letzten Jahren erneuert.

Hier treffen die Bahnlinien von Chur über Thusis, von Klosters über Davos und von St. Moritz über Preda zusammen.

Filisur** *Urkundlich erwähnt wird das Dorf 1262. Das Wahrzeichen von Filisur ist der 130 m lange aus Kalkstein gemauerte* **Landwasser-Viadukt**. *Die* **Ref. Kirche** *entstand 1495. Die* **Burgruine Greifenstein** *throhnt spektakulär auf den Felsen über dem Ort.*

Filisur - Bergün - Albulatunnel

Bahnfahrt: Filisur - Bergün - Preda - Albulatunnel

=> *Nun beginnt die eigentliche Gebirgsstrecke der Albulabahn. Zwischen Filisur und Preda überwindet der Zug auf 12 km Luftlinie 708 m Höhenmeter. Durch mehrere Kreis- und Kehrtunnel konnten Zahnradabschnitte vermieden werden. Vor dem Greifenstein-Kreistunnel (698 m) kurz hinter Filisur wird am Hang die* ***Ruine Greifenstein*** *sichtbar. Die Strecke führt nun entlang des Steilhangs vorbei an zahlreichen Steinschlagmauern, durch kurze Tunnel und über Wildbachbrücken.*

Bf. Stugl/Stills *(1280 m ü.M.)*

Stugl/Stills. *Das Dorf liegt 300 m oberhalb am Westhang des Cuolm da Latsch. Nach rechts fällt ein kurzer Blick in die wilde* ***Schlucht am Bergünerstein****.*

=> Weiter verläuft die Strecke durch den Bergünerstein-Tunnel (409 m). Schon 1904 wurde sie zwischen Stugl und Bergün im Glatscheras-Tunnel (333 m) verlegt, um sie vor den Unbilden der Witterung zu schützen.

Bf. Bergün/Bravuogn *(1376 m ü.M.)*

Filisur - Bergün - Albulatunnel

Bergün/Bravuogn***
Umgeben von Bergwiesen und Wäldern liegt der wegen seiner Vielzahl typischer Engadiner Häuser berühmte Ort auf einer breiten Talterrasse. Die Sehenswürdigkeiten von Bergün sind der ***Meierturm (Gerichtsturm) La Tuor****, die* ***spätgotische Ref. Kirche*** *mit Wandbildern von 1500,* ***Haus Nr. 14,*** *das älteste Haus im Ort, und die* ***alte Dorfkirche in Stugl****, die einzigartige Malereien enthält. Das* ***Museum Bergün*** *informiert über Wohnstil und Kultur der Region, der* ***Naturlehrpfad Bergün*** *über die heimische Flora und Fauna.*

Historischer Ortskern, Bergün

Postautoverbindung: Bf. Bergün - Latsch - Val Tuors.
Latsch* *Rund 220m über der Bahnstrecke liegt auf einer Sonnenterrasse am Hang das Dorf* ***Cuolm da Latsch*** *mit seiner weiss getünchten Dorfkirche. Hier wurde ein Teil des* ***'Heidi'-Films*** *gedreht.*

Bahnverbindung: Bf. Bergün - Albulatunnel
=> Die nächste Steilstufe überwindet die Bahn auf einer dreifach übereinander aufwärts kurvenden Schienenstrecke. Immer wieder bietet sich ein herrlicher Blick auf Bergün. Danach beginnt die Fahrt durchs ***'Albula-Karussell'****. Die Strecke zwischen Bergün und Preda misst 6,5km Luftlinie. Um den Höhenunterschied von 416m zu überwinden, wurde die Streckenlänge auf 12,6km ausgedehnt. Mit 35‰ Steigung, durch vier Kreistunnel, vier normale Tunnel und über sieben Viadukte konstruierten die Ingenieure den Streckenverlauf. Mehrmals wechselt der Zug die Talseite um Höhe zu gewinnen. Die gemauerten

Bergün, Panorama

Viadukte fügen sich harmonisch in die Landschaft, die von bis zu 3300 m hohen Bergen eingerahmt wird. Hinter dem God-Wendetunnel (486 m) bietet sich noch einmal ein schöner Blick auf Bergün. In Schleifen fährt die Bahn den Berg hinauf. Ein kurzer Blick ins Val Tuors wird gefolgt vom Plaz-Kehrtunnel (262 m) und dem Tischbachviadukt (101 m, 40 m hoch). Hinter dem Prasüra-Tunnel (34 m) sind oberhalb der Bahn grosse Lawinenverbauungen bis in 2800 m Höhe zu erkennen.

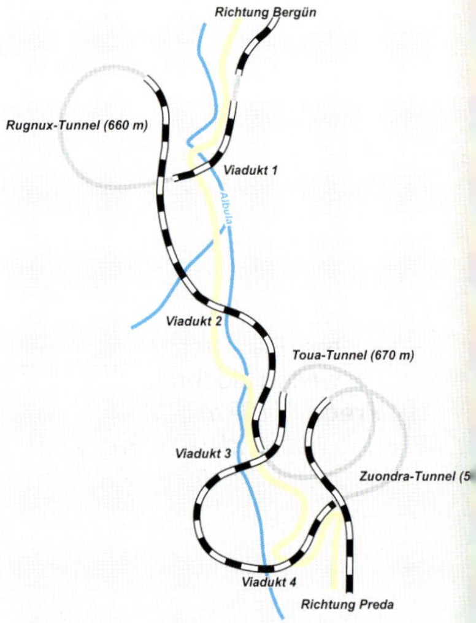

Ausweichstelle Muot *(1575 m ü.M.)* Diese Station wird durch unzählige Lawinenschutzmauern gesichert. Vom Albula-Viadukt I sieht man die Ein- und Ausfahrt des Rugnux-Tunnels. Der Zug passiert den Fuegna-Tunnel. Wassereinbrüche und Erdbewegungen machten den Bau des Rugnux-Kreistunnels (661 m) besonders schwierig. Die Tunneleinfahrt wird zum Schutz vor Vereisung mit automatischen Türen verschlossen, die durch den Zug mittels Schienenkontakt gesteuert werden. Es bietet sich nach links ein kurzer Ausblick auf Bergün und Latsch. Auf dem 89 m langen Albula-Viadukt II wechselt die Strecke auf die andere Talseite. Es folgt der Toua-Kreistunnel (677 m). Eine Ebene höher geht es wieder über die Albula mit dem Albula-Viadukt III (130 m). Unterhalb sieht man die Tunnelöffnung des Toua-Kreistunnels. In einer

Albulaviadukt III

Bahnhistorischer Lehrpfad

Schleife unter einer Schutzgalerie klettert der Zug weiter bergauf. Über den Albula-Viadukt IV und durch den Zuondra-Kreistunnel (535 m) erreicht die Bahn den letzten Bahnhof im weiten Hochtal.

Bf. Preda *(1792 m ü.M.)*

Preda *Während des Bahn- und Tunnelbaus entstand die kleine Siedlung. Zurück nach Bergün führt der* ***Bahnhistorische Lehrpfad**** *an mehreren Bauwerken der Rhätischen Bahn vorbei. Über rund 8 km wandert man direkt neben oder oberhalb der Albula durch das Tal und kann sich an verschiedenen Schautafeln über die Kunstbauten informieren. Oberhalb des Bahnhof ist die Strasse über den 2312 m ü.M. hohen* ***Albula-Pass*** *zu sehen.*

=> Meist müssen Zugbegegnungen abgewartet werden, bis die Fahrt durch den Scheiteltunnel fortgesetzt werden kann.

Albulatunnel *(1823 m ü.M.)* Der 5865 m lange Tunnel unter dem Piz Giumels ist mit seinem 1823 m ü.M. gelegenen Scheitelpunkt der höchste Alpendurchstich Europas. Der Tunnel wurde zwischen Oktober 1898 und 29. Mai 1902 gebaut. Mitte April 1903 fuhr der erste Zug durch den Tunnel. Die Arbeiten waren äusserst schwierig, denn das Gebirge besteht aus stark wasserführendem Kalkschiefer. Der Tunnel, 1000 m unter der Gebirgsgruppe der Dschimels-Zwillinge, weist fast das ganze Jahr eine beständige Innentemperatur von 16 Grad auf. Automatische Türen schützen das Nordportal im Winter gegen Vereisung, der Zug öffnet und schliesst sie mittels Schienenkontakt selbsttätig.

Albulatunnel, Preda

Die Durchfahrt ins sonnige Engadin dauert nur wenige Minuten.

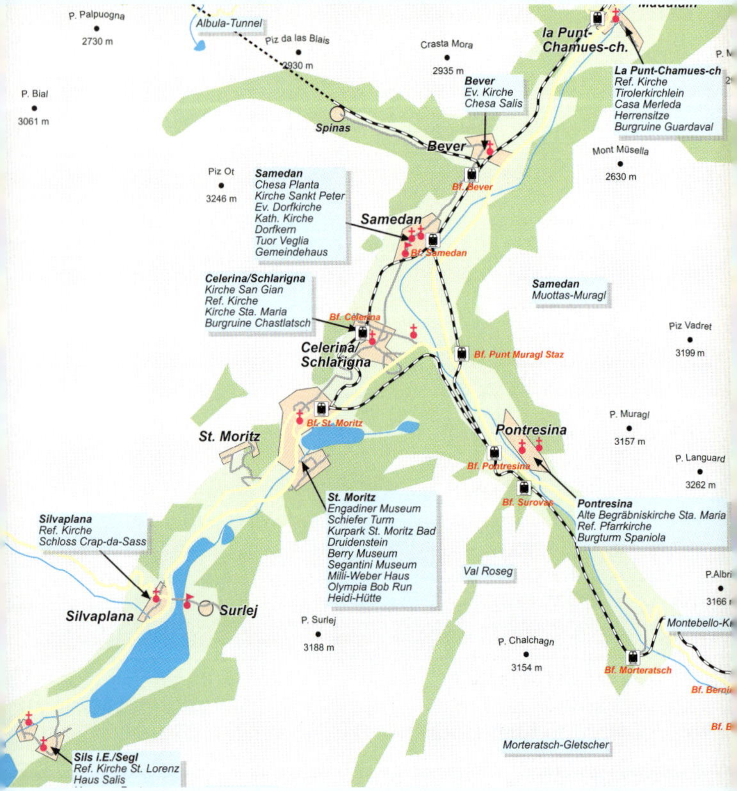

Oberengadin. *Der Inn (En) entspringt am Piz Lunghin und gab diesem an Naturschönheiten überreichen Gebirgstal den Namen. Hier im Oberengadin rahmen mächtige Berge mit gewaltigen Gletschern das Tal mit seiner Seenkette, den grünen Wiesen und aufgelockerten Wäldern ein.*

Bahnverbindung: Albulatunnel - Bf. Samedan - Bf. St. Moritz

Bf. Spinas *(1818 m ü.M.)*

Val Bever* *In das ursprüngliche Seitental, durch das die Bahnstrecke gelegt wurde, führen zahlreiche Wanderwege.*

=> Die Strecke verläuft zum Teil auf dem Ausbruchmaterial des Albulatunnels in der Talmitte. Gegen Lawinen wurden hohe Dämme aufgeschüttet. Die Fahrt geht durch Lärchen- und Arvenwald nach Südosten.

St. Jakob, Bever

Vor der nächsten Station bietet sich ein grossartiger Ausblick auf die Berninagruppe. Weite und Helligkeit des Hochtals im Oberengadin erstaunen die Besucher. Vor Bever schwenkt die Albulastrecke nach Westen auf die Unterengadin-Linie ein. Die Engadiner-Strecke wurde 1913 eröffnet und von Anfang an elektrisch betrieben.

Bernina-Express vor Samedan

Bf. Bever *(1714 m ü.M.)*

Bever* *Die mit Sgraffiti geschmückten Häuser entlang der Dorfstrasse prägen Bever. Die Fassaden der* ***Chesa Salis****, ein ursprüngliches Bauernhaus von 1590, wurde 1883 reich geschmückt. 1667 entstand die* ***Ev. Kirche****.*

Patrizierhaus Chesa Planta, Samedan

=> Die Strecke folgt nun im breiten Tal dem Inn flussaufwärts.

Bf. Samedan *(1709 m ü.M.)*

Das Bahnhofsgebäude erstrahlt nach umfangreichen Renovierungsarbeiten in neuem Glanz. 1983 wurde die neue grosse Lokomotivhalle für die im Engadin eingesetzten Wechselstromfahrzeuge in Betrieb genommen. (Eine Besichtigung ist möglich)

Samedan** *Die Gemeinde beherrscht den weiten Talkessel des Hochtals, in dem sich die Verkehrswege aus allen vier Himmelsrichtungen treffen. Im Dorfkern kann man viele mit* ***Sgraffiti verzierte Engadiner Häuser*** *bewundern. Das ältes-*

Muottas-Muragl, Samedan

te Bauwerk von Samedan ist der um 1288 erbaute ***Wohnturm Tuor Veglia****. Das ehemalige Landwirtschaftsgebäude* ***Chesa Planta****, in dem sich heute ein Museum, das Kulturarchiv von Samedan*

Muottas-Muragl, Samedan

und die ***Biblioteca rumauntscha da la Fundaziun Planta*** *befinden, stammt dagegen aus dem 16. Jh. und das Gemeindehaus aus der Zeit um 1750. Sehenswerte Sakralbauten sind die 1139 erwähnte* ***Kirche St. Peter****, die* ***Ev. Kirche*** *mit dem zierlichen Barockturm und die 1910/11 im neoromanischen Stil errichtete* ***Kath. Kirche****. Mit einer Standseilbahn kann man auf den* ***Aussichtsberg Muottas-Muragl*** *fahren.*

Celerina, Panorama

=> Direkt hinter dem Bahnhof zweigt nach links die Berninabahn Richtung Pontresina ab. Nun bietet sich ein schöner Rundblick auf Muottas Muragl, Piz Languard, Piz Albris, Piz Palü, Rosatsch, Morteratsch, Piz Bernina (4049 m), Rosegg und zum Abschluss auf den Piz da la Margna am Maloja-Pass. Im Vordergrund erhebt sich die nur aus der Ferne als Ruine wirkende romanische Kirche San Gian, die heute als Friedhofskapelle dient.

Bf. Celerina *(1733 m ü.M.)*

Celerina/Schlarigna* *Der Ort mit seinen schönen Engadiner Häusern wird vom Turm der Dorfkirche überragt. Dieser romanische Turm gehört zur* ***Kirche St. Maria****. Weitere Gotteshäuser sind die* ***romanische Kirche San Gian*** *mit ihrer berühmten Kassettendecke und die 1669 erbaute* ***Ref. Kirche****. Südöstlich von Celerina liegt die urkundlich nicht belegte* ***Burgruine Chastlatsch.***

=> Nach dem Bahnhof durchfährt der Zug die beiden Tunnel Charnadüra (448 m) und Argenteri (114 m). Der Blick nach links zeigt im Vordergrund den St. Moritzer See mit dem Inn, der hier den See verlässt, dahinter den Piz Rosatsch, dem sich nach Westen Piz Corvatsch und Piz da la Margna anschliessen.

St. Moritz, Panorama

Bf. St. Moritz *(1778 m ü.M.)* Im Bahnhofsvorfeld trifft auch der zweite Ast der Berninabahn auf unsere Strecke.

Vor dem Bahnhof stehen Postbusse für die Verbindungen nach Maloja, durchs Bergell bis Chiavenna und weiter am Comersee vorbei zum Luganersee bis zum SBB-Bf. Lugano.

St. Moritz** *Die zahlreichen Ortsteile der Gemeinde liegen im Tal des Oberengadins verteilt. Auf einer sonnigen Terrasse über dem See, an dessen westlichem Ende sich das berühmte Heilbad mit dem* ***Kurpark*** *befindet, bilden die Hotelpaläste den mondänen Ortskern. Interessante Museen wie das* ***Engadiner Museum,*** *das in der Villa Arona untergebrachte* ***Berry-Museum****, das Segantini-Museum und das* ***Milli-Weber-Haus*** *stehen Besuchern offen. Das Wahrzeichen von St. Moritz ist der aus dem 12. Jh. stammende* ***Schiefe Turm****. Besichtigt werden können ausserdem die* ***Olympia Bobbahn****, die einzige Natureis-Bobbahn weltweit, der oberhalb des Bobbahnstarts liegende Druidenstein und die rund 200 Jahre alte* ***Heidi-Hütte****, die als Original-Filmkulisse des Heidi-Films diente.*

Schiefer Turm, St. Moritz

St. Moritz - Sils - Bergell

St. Moritz - Sils - Bergell

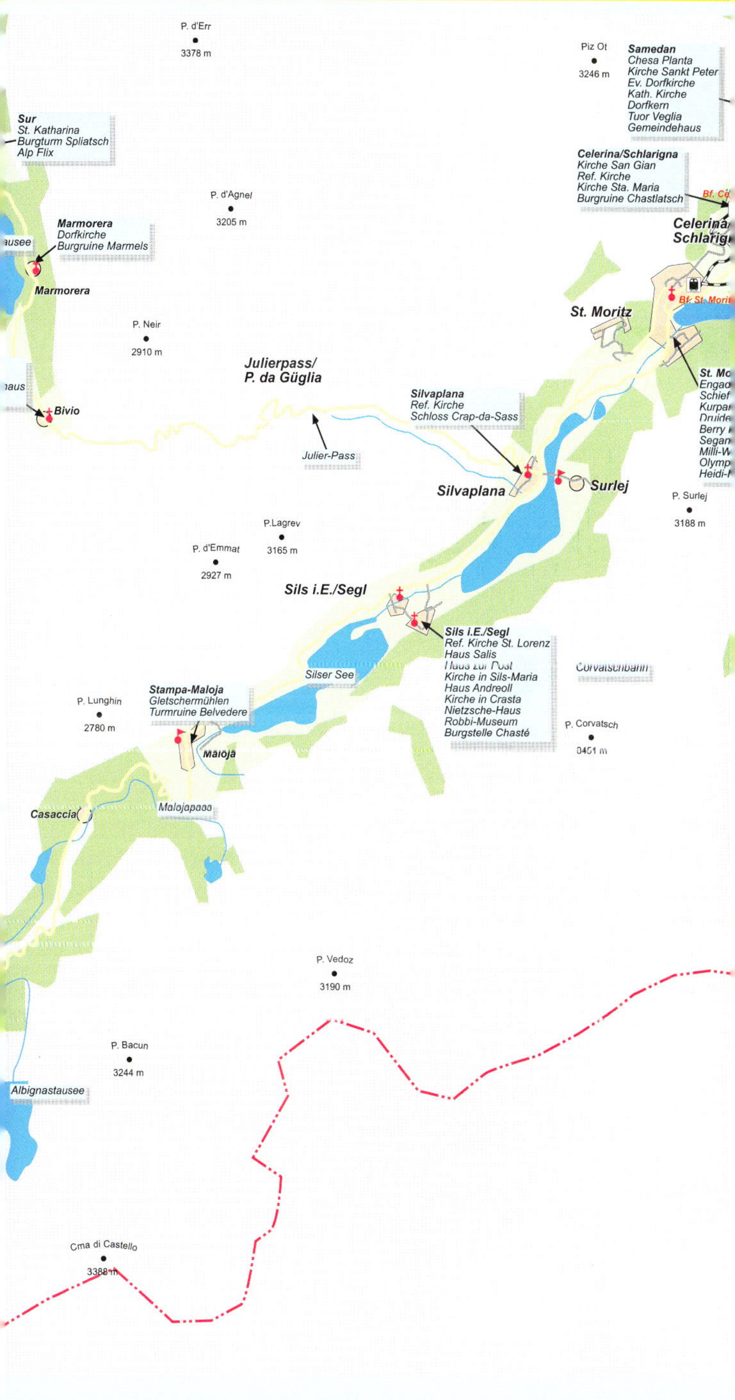

Vom Bf. St. Moritz besteht eine Postautoverbindung durchs Bergell nach Chiavenna zum Bf. der FS in Italien

Postautoverbindung: Bf. St. Moritz - Sils - Maloja - Bondo - FS Bf. Chiavenna

=> Vom Bahnhof in St. Moritz fährt der Bus entlang des Sees nach St. Moritz Dorf, zurück ein herrlicher Ausblick auf den See und die grossen weltbekannten Hotels. Weiter geht die Fahrt über Champfèr zum Silser See.

St. Moritz

Silvaplana* *Am Fuss des Julier-Passes liegt der Ferienort mit der* ***Ref. Kirche****, die einen sehr schönen Taufstein beherbergt, und dem im Jahre 1906 erbauten* ***Schloss Crap-da-Sass****. Auf der 3303m hohen* ***Bergstation Corvatsch*** *bietet sich ein beeindruckendes Gipfelpanorama.*

Silvaplana, Panorama

=> Am Silser See entlang sind links der Piz Corvatsch zu sehen und am Ende des Sees Sils im Engadin.

Sils i.E./Segl** *Der Ort erfreute sich in der Vergangen-*

Postauto am Silser-See

heit grosser Beliebtheit bei Dichtern und Denkern, was das ***Nietzsche-Haus*** *dokumentiert. Bedeutende historische Bauten sind die* ***Ref. Kirche St. Lorenz****, deren Geschichte bis in die spätromanische Zeit*

St. Lorenz, Sils

zurückreicht, das etwa 1650 errichtete Haus Salis, das Haus zur Post mit den markanten gotischen Dreieckserkern sowie die ***Kirche in Sils-Maria****, die auf das Jahr 1597 datiert wird. Auch das 1742 erbaute* ***Haus Andreoll****, der anmutige Sakralbau der* ***Kirche in Crasta*** *und die* ***Burgstelle Chastè*** *sind einen Besuch wert.*

=> Entlang des nördlichen Seeufers geht die Fahrt weiter zum Maloja-Pass. Ein urzeitlicher Bergsturz riegelte das Tal ab und lenkte gleichzeitig den Inn nach Osten um. Der Pass bildet die Grenze zum italienisch sprechenden Bergell.

Maloja mit Bergell im Hintergrund

Das Bergell *Vom* ***Malojapass*** *aus verläuft das leicht südwestlich gerichtete Alpental bis zur italienischen Grenze. Die Transitroute über den Septimerpass nach Norden und am Comer See entlang nach Süden prägte seit prähistorischer Zeit die Entwicklung des Tals. Aus vielen Epochen erhielten sich kulturhistorisch bedeutsame Sehenswürdigkeiten.*

Schloss Castelmur. Stampa

Maloja* *Beliebte Ausflugsziele sind das einzigartige* ***spätromanische Steinerne Grab*** *und der* ***Burgturm Belvedere****, der als Wahrzeichen von Maloja gilt.*

=> In zahlreichen engen Serpentinen gelingt der steile Abstieg hinunter ins 800 m tiefer liegende Stampa.

Stampa** *Bedeutende historische Bauten sind* ***Schloss Castelmur****, ein Palazzo aus der ersten Hälfte des 19. Jh., die* ***Kirche San Giorgio*** *mit Malereien von Alberto Giacometti, die 1743 erbaute* ***Kirche San Pietro****, ebenfalls mit Malereien ausgestattet, und die* ***alte Steinbrücke*** *in der Fraktion Borgonova. Das* ***Museum Stampa*** *zeigt Werke berühmter Künstler.*

Senwelenturm, Vicosoprano

=> Auf der Talsohle fährt das Postauto jedes Dorf an. Hoch oben am linken Berghang ist die Staumauer des Lago d'Albegna zu sehen.

Vicosoprano** *Der grösste Ort im Bergell präsentiert sich mit* ***schönen Patrizierhäusern****, der* ***Kirche San Cassiano,*** *die auf das Jahr 1000 zurückgehen soll, der* ***Kirche Casaccia*** *und der frühbarocken* ***Kirche Santa Trinita****. Als Ruinen blieben die* ***Kirchenruine San Gaudenzio*** *und die Überreste des* ***Casaricc da Motta erhalten.*** *Der Salisturm, der im Laufe der Jahrhunderte ausgebaut wurde, und der kreisrunde mittelalterliche* ***Senwelenturm*** *werden beide in das 13. Jh. datiert.*

=> Hinauf nach Soglio muss der Bus auf kurvenreicher Strasse das Sonnenplateau erklimmen.

Soglio*** *In sonniger Lage 400 m über dem Mairatal liegt das* ***berühmte Soglio*** *mit dem barocken* ***Palazzo Salis*** *aus dem 17. Jh. und der Ref. Kirche von 1753.*

=> Wieder im Tal geht es zum nächsten Ort Bondo.

Bondo* *Die Geschichte des Dorfes reicht bis in die Römerzeit zurück. Ein Relikt dieser vergangenen Zeiten ist* ***Castelmur*** *mit den Überresten einer beeindruckenden Wehranlage.*

Postauto nach Soglio

Ortsansicht, Soglio

Die ***romanische Dorfkirche San Martino*** *mit den reichen Fresken aus dem späten 15. Jh. und die im 19. Jh. errichtete* ***Kirche Nossa Donna*** *sind zwei weitere bemerkenswerte Gotteshäuser. Der* ***Herrschaftssitz Palazzo Salis*** *von 1765-1774 und der 1763 erbaute* ***Palazzo Scartazzini*** *sind sehenswerte Profanbauten.*

Palazzo Salis, Bondo

=> Als letzten Ort in Graubünden vor der Grenze nach Italien erreicht der Bus Castasegna.

Castasegna* *Zum Ort gehört der grösste Edelkastanienwald in Europa. Mauerreste und andere Funde aus der Römer- und Etruskerzeit wurden bei den Ruinen Caslac entdeckt. Die* ***Kirche St. Johanes Baptist*** *entstand 1409, die* ***Ev. Kirche Castasegna*** *um das Jahr 1660.*

=> Hinter der Grenze führt die Buslinie noch 10 km auf italienischem Gebiet weiter und bindet die Orte bis Chiavenna ans Verkehrsnetz an. Sie endet am Bahnhof der italienischen Staatsbahn FS in **Chiavenna**.

Vom **Bf. Chiavenna** ***bestehen Zugverbindungen nach Mailand. Im Sommer gibt es auch eine Buslinie über den Splügen-Pass nach Thusis.***

Chur - Lenzerheide - Tiefencastel

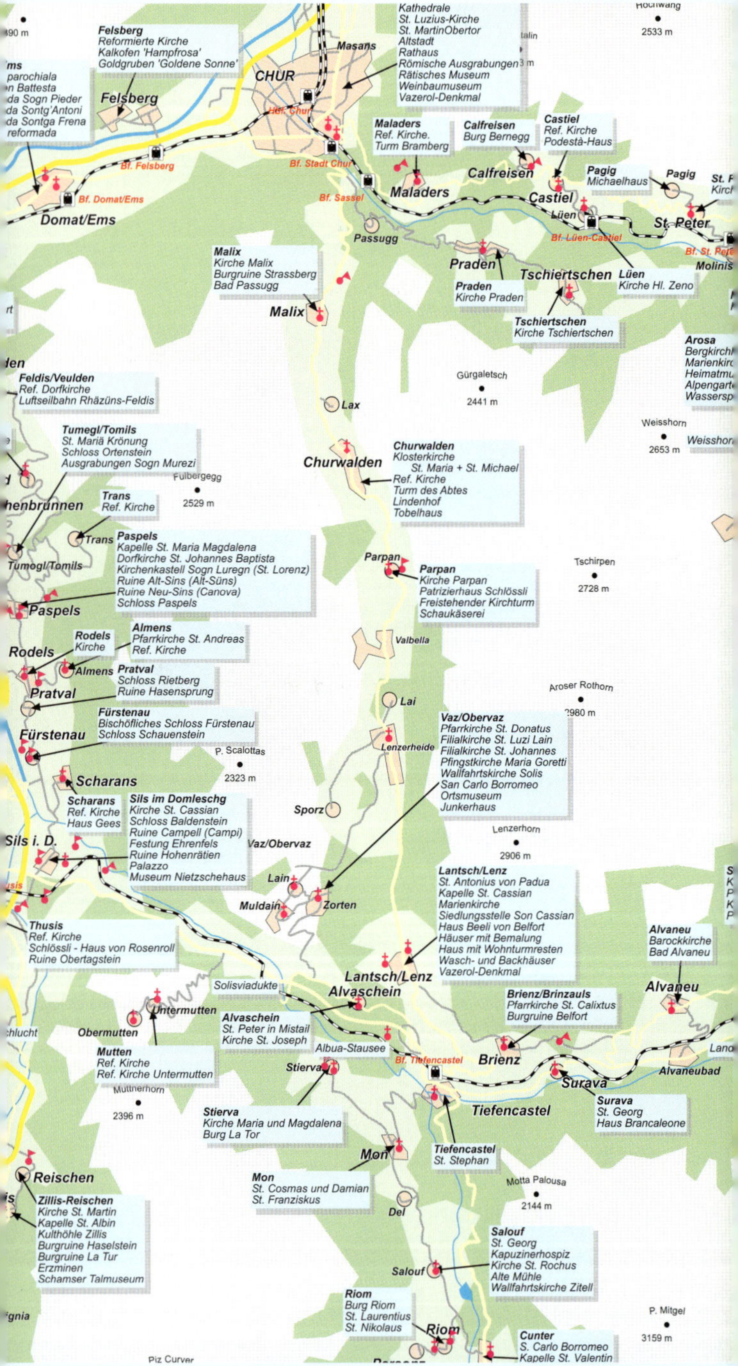

Region Lenzerheide

Von der Burg Belfort aus regierten die Herren von Vaz über das Churwaldnertal und die Lenzerheide. Ab dem Jahr 1300 siedelten sich dann die Walser in der Region an.

Postautoverbindung: HBf. Chur - Lenzerheide - Bf. Tiefencastel oder Bf. Davos

Malix* *Die **Kirche** präsentiert sich als zierlicher Bau mit schlankem Turm. Die ältesten Teile der **Burgruine Strassberg** stammen aus dem späten 12. Jh. Heute sind nur noch wenige Reste erhalten. In der Trinkhalle der **Burg Passugg** können Kurgäste das Heilwasser der fünf Heilquellen geniessen.*

Ruine Strassberg, Malix

Churwalden** *Das Wahrzeichen des Ortes und nationales Denkmal ist die **Klosterkirche St. Maria und St. Michael**, das zugehörige Klosters wurde 1164 gegründet. Weitere sehenswerte Bauten sind der **Turm des Abtes** aus dem 15. Jh., der Lindenhof, das **Tobelhaus** und die **Ref. Kirche** in Form eines sechseckigen Bergkristalls.*

Parpan* *Wahrzeichen des Ortes ist der freistehende Kirchturm, der 1636 aus den Resten der alten **St.-Anna-Kapelle** erbaut wurde. Die heute **ev. Kirche Parpan** stammt aus dem späten 15. Jh. Das **Patrizierhaus Schlössli** beherbergt Bilder von Hans Ardüser.*

Klosterkirche Churwalden

Lantsch/Lenz** *Da der wichtigste historische Alpenübergang von Graubünden von Chur über Lantsch/Lenz führte, gab es schon im 9. Jh. Gasthäuser in der Ortschaft. Zu den bemerkenswerten Sakralbauten zählen die **Pfarrkirche St. Antonius von Padua** mit einem goldenen, verzierten Tabernakel, aus vorgotischer Zeit die **Kapelle St. Cassian** sowie die **Marienkirche**, die von einem wunderschönen Friedhof umgeben ist. Im Ort*

Schlössli, Parpan

stehen ausserdem das ***Haus Beeli von Belfort****, die Häuser mit Bemalung von Hans Ardüser, die Pastroins genannten Wasch- und Backhäuser aus der Mitte des 19. Jh. und das Haus mit Wohnturmresten (La Tor).*

Vaz/Obervaz* *Die Gemeinde entwickelte sich aus dem Nachlass des mächtigen Dynastengeschlechtes der Freiherren von Vaz. Viele sehenswerte Kirchen haben die Zeit überdauert:* ***St. Luzi in Lain*** *von 1685,* ***St. Johannes*** *mit schönen Bildern und Stuckarbeiten, die* ***Pfingstkirche Maria Goretti****, die* ***Wallfahrtskirche Solis****, die aufgrund einer Legende entstand und die Karlskirche (San Carlo Borromeo). Während man im* ***Junkerhaus die Sgraffitodekorationen*** *bewundern kann, ist von der* ***Ruine Nivagl*** *- Stammburg der Freiherren von Vaz - heute nichts mehr erhalten.*

Marienkirche, Lantsch

Brienz/Brinzauls** *Zu den Sehenswürdigkeiten gehören die* ***Pfarrkirche St. Calixtus*** *mit einem bedeutenden spätgotischen Flügelaltar und die* ***Burgruine Belfort****, die von den Freiherren von Vaz errichtet und während des Schwabenkrieges 1499 zerstört wurde. Ausserdem erinnert das* ***Vazerol-Denkmal*** *an die 'ewige Vereinigung' der 3 Bünde 1471.*

Burgruine Belfort

Tiefencastel. ***Hier besteht Anschluss an die RhB***

Surses - Oberhalbstein *(Tiefencastel - Silvaplana)*

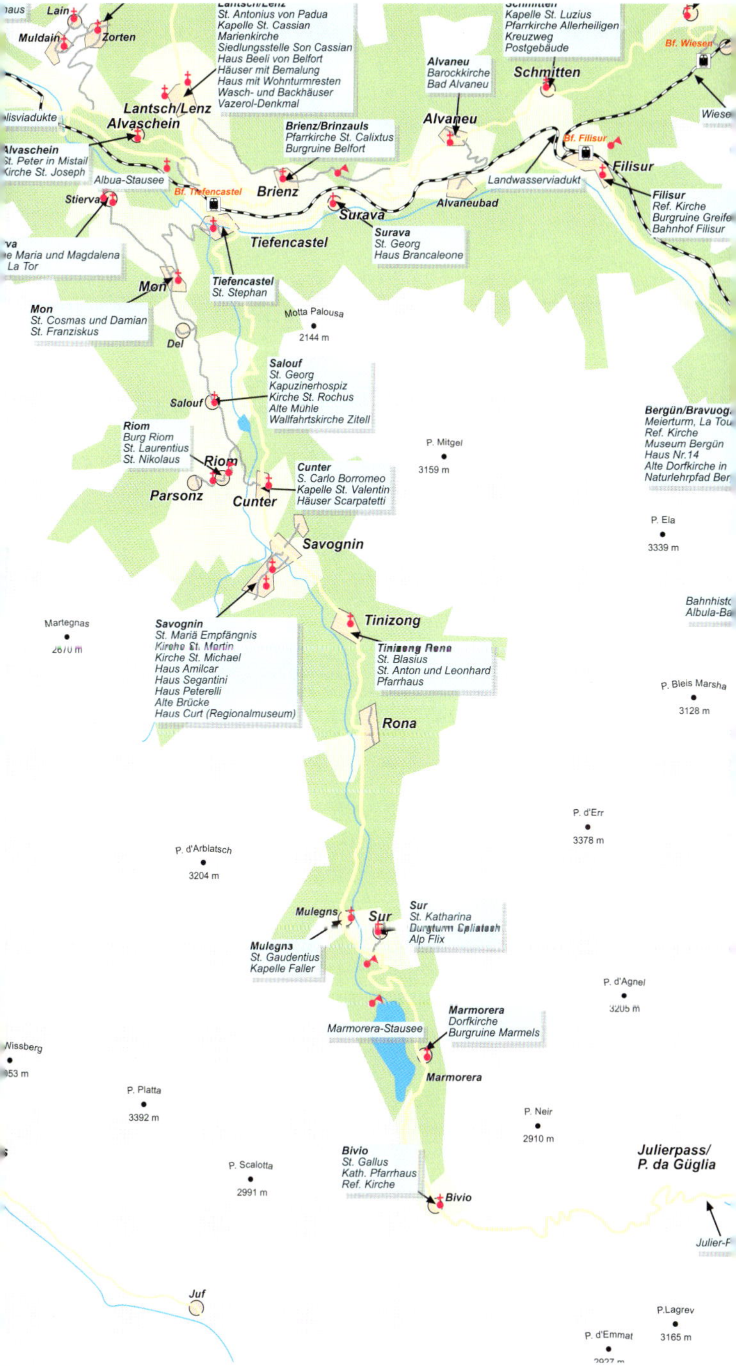

Das auch unter dem Namen Oberhalbstein bekannte Tal verbindet Tiefencastel über den Septimerpass mit dem Bergell und über den Julierpass mit dem Oberengadin.

Postautoverbindung: Bf. Tiefencastel - Savognin - Julier-Pass - St. Moritz

Salouf* *Etliche Wohntürme aus dem Mittelalter haben sich neben der* ***Pfarrkirche St. Georg*** *mit dem Flügelaltar von 1502, dem* ***Kapuzinerhospiz*** *und der* ***Kirche St. Rochus*** *erhalten. Die Wallfahrtskirche Zitell von 1959 ist ein beliebtes Ausflugziel.*

Kapuzinerhospiz, Salouf

Riom-Parsonz** *Aus dem 1.-4. Jh. haben sich bemerkenswerte Mauer- und Gebäudereste erhalten. Die einstige* ***Wehranlage Burg Riom****, die barocke* ***Pfarrkirche St. Nikolaus*** *und die* ***Pfarrkirche St. Laurentius****, die älteste Kirche im Tal, sind bedeutende Zeugen der Vergangenheit.*

Burg Riom, Riom-Parsonz

Cunter* *Die* ***Pfarrkirche S. Carlo Borromeo,*** *die* ***Kapelle St. Valentin*** *und mehrere* ***prachtvolle Patrizierhäuser****, die Häuser Scarpatetti, lohnen einen Besuch.*

Savognin** *Der Hauptort von Surses weist zahlreiche bedeutende historische Bauten auf. Dazu zählen die 1643 geweihte* ***Kath. Pfarrkir-***

Alte Brücke, Savognin

che St. Mariä Empfängnis, die **Kirche St. Martin** mit den herausragenden Gemälden in den Gewölben, die mit einem prachtvollen Altar ausgestattete **Kirche St. Michael**, das **Fachwerkhaus Amilcar**, das **Haus Segantini**, Anwesen des bekannten Malers, und das 1760 ausgebaute **Haus Peterelli**. Die **mittelalterliche Alte Brücke** verbindet die beidseitig der Julia gelegenen Ortsteile. Das **Haus Curt mit Regionalmuseum** informiert über die Geschichte der Region.

Burgturm Spliatsch, Sur

Tinizong-Rona* Die **barocke Pfarrkirche St. Blasius** von 1663, die **Pfarrkirche St. Anton** und Loonhard mit schönen Schnitzereien an der Orgelempore und der **Wohnturm im Pfarrhaus** mit Mauerresten aus dem 13. oder 14. Jh. sind sehr sehenswert.

Stausee, Marmorera

Mulegns. Das Dorf, das auf eine Gründung der Walser im 15. Jh. zurückgeht, beeindruckt mit der **Pfarrkirche St. Gaudentius**, der **barocken Kapuzinerkirche** und der **Kapelle Faller** mit einem schönen Altarbild.

Sur* Im dem Bauerndorf kann man den **Burgturm Spliatsch** vom Anfang des 13. Jh und die **Pfarrkirche St. Katharina** bewundern. Die **Bergterrasse der Alp Flix** gilt als eine der schönsten in der ganzen Schweiz.

St. Gallus, Bivio

Marmorera. *Das alte Dorf wurde 1954 im Zuge der Fertigstellung des* ***Marmorera-Stausees*** *geflutet. Die spektakulären Überreste der* ***Burgruine Marmels*** *und die 1963 erbaute* ***Dorfkirche*** *sind einen Besuch wert.*

Bivio* *Am Fusse des Septimer- und des Julierpasses liegt das 'Siebensprachendorf', das drei bemerkenswerte Bauten aufweist: die* ***Pfarrkirche St. Gallus*** *mit ihrem prächtigen spätgotischen Flügelaltar, die* ***Ref. Kirche*** *von 1671 und das* ***Kath. Pfarrhaus****, das als architektonisches Glanzstück des Dorfes gilt.*

Julier-Pass *(2284m ü.M.) Seit vorgeschichtlicher Zeit verbindet er als Alpenübergang das Rheintal mit dem Engadin und dem Comer See. Mit dem Bau der Strasse zwischen 1820 und 1826 übernahm der Julier die Bedeutung des Septimerpasses, über den heute nur noch ein Wanderweg führt. Der Julierpass bildet heute den wichtigsten Zugang von Norden ins Engadin.*

Römische Steinsäulen, Julierpass

=> Die Busfahrt führt nun stetig bergab. Nach einigen Kurven bietet sich ein herrlicher Ausblick auf den Silser-See und den Piz Corvatsch. In Silvaplana biegt das Postauto links ab Richtung St. Moritz. Der nächste See ist der Lej da Champfèr, an dem St. Moritz liegt.

Silvaplana mit Piz da la Margna

Bf. St. Moritz. ***Hier besteht Anschluss an die RhB Richtung Scuol, Tirano und Chur.***

St. Moritz - Zernez - Scuol - Samnaun

Diese meterspurige Engadinstrecke wurde im Sommer 1913 eröffnet. Ursprünglich war eine durchgehende Bahnverbindung vom Engadin nach Tirol geplant. Das Projekt sollte in Pfunds an die geplante, aber bis heute nicht realisierte Bahnlinie von Landeck nach Mals, dem Endpunkt einer Zweiglinie der Brennerbahn von Bozen über Meran, angeschlossen werden. Die Schweizer Strecke wurde von Anfang an mit dem 11 kV-Wechselstromsystem elektrifiziert. Am 1. Juli 1913 konnte die Unterengadiner Strecke eröffnet werden.

Blick ins Oberengadin von Muottas-Muragl

Alle Orte von St. Moritz bis Scuol-Tarasp sind mit der Rhätischen Bahn erreichbar. Von Scuol gibt es Postautoverbindungen nach Landeck (Österreich), Samnaun, S-charl, Tarasp, Ftan und weiteren Orten im Unterengadin. Nach Guarda fährt vom Bahnhof ein Postauto. Von Zernez besteht eine Postautoverbindung ins Val Müstair.

Bahnfahrt: St. Moritz - Zernez

Bf. St. Moritz *(1778m ü.M.)* Von 1896 bis 1932 stellte eine Strassenbahn die Verbindung zwischen St. Moritz Dorf und St. Moritz Bad her. Vom Bahnhof aus bietet sich ein herrlicher Blick über den St. Moritzer See mit dem Piz Rosatsch und der nach Westen sich anschliessenden Bergkette über den Piz Corvatsch zum Piz da la Margna.

Drei Bahnlinien beginnen hier: die 1906-1910 erbaute Berninabahn, die seit 1943 zum Netz der Rhätischen Bahn gehört, die 1904 eröffnete Stecke nach Chur und die im Sommer 1913 eröffnete Engadinstrecke.

St. Moritz, rechts liegt der Bahnhof

In der Bahnhofsausfahrt zweigt rechts das Gleis zur Berninastrecke ab. Der Zug durchfährt jetzt die Charnadüraschlucht, den Argenteritunnel (114 m) und den Charnadüratunnel (448 m).

Bf. Celerina *(1733 m ü.M.)*

Celerina/Schlarigna* *Der Ort mit seinen schönen Engadiner Häusern am Rand der Champagna-Ebene wird vom romanischen Turm der* ***Kirche St. Maria*** *überragt. Zu besichtigen sind auch die* ***romanische Kirche San Gian*** *mit ihrer berühmten Kassettendecke und die* ***Ref. Kirche*** *von 1669. Südöstlich liegt die* ***Burgruine Chastlatsch.***

Celerina, Panorama

=> Vor dem Bahnhof Samedan kommt die 8 km lange Abkürzungsstrecke von Pontresina dazu. Sie wurde 1908 zur Aussparung des Umwegs über St. Moritz errichtet.

Bf. Samedan *(1709 m ü.M.)* Im Bahnhof Samedan fallen die Gleisanlagen, das grosse neue Depot sowie die 1902/1903 und 1912/1913 gebauten Lokomotivremisen auf. Das Depot dient zur Wartung und Instandhaltung des umfangreichen Fahrzeugparks. Auch das Bahnhofsgebäude wurde neu erstellt. Zwischen 1964 und 1967 erneuerte man das Stellwerk und die Signalanlagen. Die Zugleitstelle steuert alle Strecken im Engadin ausser der Berninastrecke. Zahlreiche Rangierfahrten können beobachtet werden. Personenzüge werden getrennt und neu zusammengestellt.

Samedan** *Die Gemeinde Samedan beherrscht den weiten Talkessel des Hochtals, in dem sich die Verkehrswege aus allen vier Himmelsrichtungen treffen. Im Dorfkern kann man viele mit*

Plantahaus, Samedan

Sgraffitiverzierte Engadiner Häuser bewundern. Das älteste Bauwerk ist der um 1288 erbaute Wohnturm Tuor Veglia. Das ehemalige Landwirtschaftsgebäude Chesa Planta, in dem sich Museum, Kulturarchiv und die Biblioteca rumauntscha da la Fundaziun Planta befinden, stammt aus dem 16. Jh., das Gemeindehaus von 1750. Sehenswerte Sakralbauten sind die 1139 erwähnte Kirche St. Peter, die Ev. Kirche mit dem zierlichen Barockturm und die neuromanische Kath. Kirche. Eine Standseilbahn fährt auf den Aussichtsberg Muottas-Muragl.

=> Die Strecke verläuft im breiten Inntal weiter flussabwärts. Rechts zurück sind noch die Berge der Berninagruppe zu sehen.

Casa Merleda, Ruine Guardaval, La Punt-Chamu

Bf. Bever *(1714 m ü.M.)*

Bever* *Die mit Sgraffiti geschmückten Häuser entlang der Dorfstrasse prägen den Ort. Die Chesa Salis, ein ursprüngliches Bauernhaus von 1590, erhielt 1883 reichen Fassadenschmuck. Die Ev. Kirche entstand 1667.*

=> Kurz hinter Bever trennen sich die Bahnstrecken, nach links biegt die Albulabahn durch das Val Bever Richtung Chur ab. Geradeaus geht es ins weite Mittlere Engadin.

Bf. La Punt-Chamues-ch *(1697 m ü.M.)*

La Punt-Chamues-ch* *Die zweiteilige Gemeinde La Punt-Chamues-ch präsentiert sich mit etlichen schönen Bündner Häusern. Sehenswert sind ausserdem die Ref. Kirche mit dem romanischen Turm von ca. 1200, das kleine schmucke 'Tirolerkirchlein' und die Casa Merleda von 1642. Aus dem 17. und 18. Jh. haben sich zahlreiche Herrensitze erhalten.*

=> Auf der Anhöhe links erhebt sich über dem Tal die Ruine Guardaval.

Ruine Guardaval, Madulain

Bf. Madulain *(1696 m ü.M.)*

Madulain* *Die Ref. Kirche geht auf einen Neubau aus dem Jahr 1510 zurück. Interessant sind auch Fundamentspuren der* ***Ruine San Bartrumieu****. Die* ***Burgruine Guardaval*** *in Madulain ist 1251 als Talwarte errichtet worden und diente als Zollstation für den Saumpfad.*

=> Über den weiten flachen Talboden geht die Fahrt weiter.

Bf. Zuoz *(1692 m ü.M.)*

Oberhalb des Bahnhof liegt der sehenswerte Ort Zuoz.

Ansicht von Zuoz

Zuoz** *Diese Siedlung gilt als architektonisch besonders herausragend und beispielhaft für das Engadin. Zu den reizvollen historischen Bauwerken gehören das markante Gebäude des* ***Lyceum Alpinum****, die* ***Plantahäuser am Dorfplatz****, die in ihrer heutigen Gestalt auf das Jahr 1760 zurückgehen, und die* ***mittelalterlichen Wohntürme****, sie sich in mehr als einem Dutzend Häusern erhalten haben. Bemerkenswerte Gotteshäuser sind die* ***Ref. Pfarrkirche*** *mit dem Wandtabernakel von 1520, die 1482 erstmals erwähnte* ***Kapelle St. Sebastian*** *und die* ***Kapelle St. Katharina****, die sich als ein Neubau aus dem Jahr 1510 präsentiert.*

Marktplatz, Zuoz

Kirchenruine Chapella, S-chanf

Bf. S-chanf *(1670 m ü.M.)*

S-chanf* *Der Ort mit seinen stattlichen Bürgerhäusern, vor allem die* ***Häuser Caratsch und Juvaltea*** *mit ihren aussergewöhnlichen Sgraffitomalereien, gilt als 'Musterdorf' des Engadins. Zu den bedeutenden historischen Bauten gehören auch die* ***Kirchenruine Chapella****, das 103 m lange Vallember Viadukt und die aus dem 14. und 15. Jh. stammende* ***Ref. Kirche****. Der Ort Punt ota wurde bereits 1139 als Grenze zwischen dem Ober- und Unterengadin genannt. Wilde Landschaften unterschiedlichster Prägung erwarten den Besucher im* ***Nationalpark****.*

Brücke mit RhB-Zug Richtung Zernez

=> Durch das Tal auf der rechten Seite führt der Weg zum Schweizerischen Nationalpark. Hinter der engen Felsschlucht am Eingang zum Val Susauna, das zum Scalettapass führt, sind kurz die Reste der verlassenen Kirchensiedlung Chapella erkennbar. Auf dem Vallember-Viadukt (103 m) überquert die Bahn das Susaunatal.

Bf. Cinuos-chel-Brail *(1628 m ü.M.)* Hier im Bahnhof sollte ein Alternativprojekt zur Albulalinie einmünden.

Auf einer 50 m hohen Steinbrücke führt die Strecke über den Inn und wechselt auf die andere Talseite. Der Zug fährt jetzt entlang des zerklüfteten bewaldeten Berghangs, über den 36 m hohen Mela-Viadukt sowie über weitere zahlreiche Kunstbauten weiter Richtung Unterengadin. Es folgen die beiden Brail-Tunnel (895 m, 308 m) und das Val-S-chüra-Viadukt. Elf Menschenleben forderte das Unglück, als beim Bau des Hauptbogens das Lehrgerüst einstürzte.

Ausweichstelle Carolina. Nur für Zugkreuzungen dienen die Gleise der heute automatisierten Station inmitten der einsamen Schlucht.

Es folgt der 47 m hohe Tantermoza-Viadukt. Um den Höhenunterschied zum Talboden zu überwinden, verläuft die Stecke in einem weiten Bogen nach Osten ins Spöltal. Auf dem Spölviadukt führt die Bahn über den Eingang zum Spöltal, das zum Ofenpass führt. Nach rechts liegt im Talkessel Zernez mit dem Munt Baselgia und weiter rechts dem Piz Nuna.

Bf. Zernez. ***Hier besteht Anschluss mit Postauto ins Val Müstair und nach Südtirol.***

St. Moritz - Zernez - Scuol - Samnaun

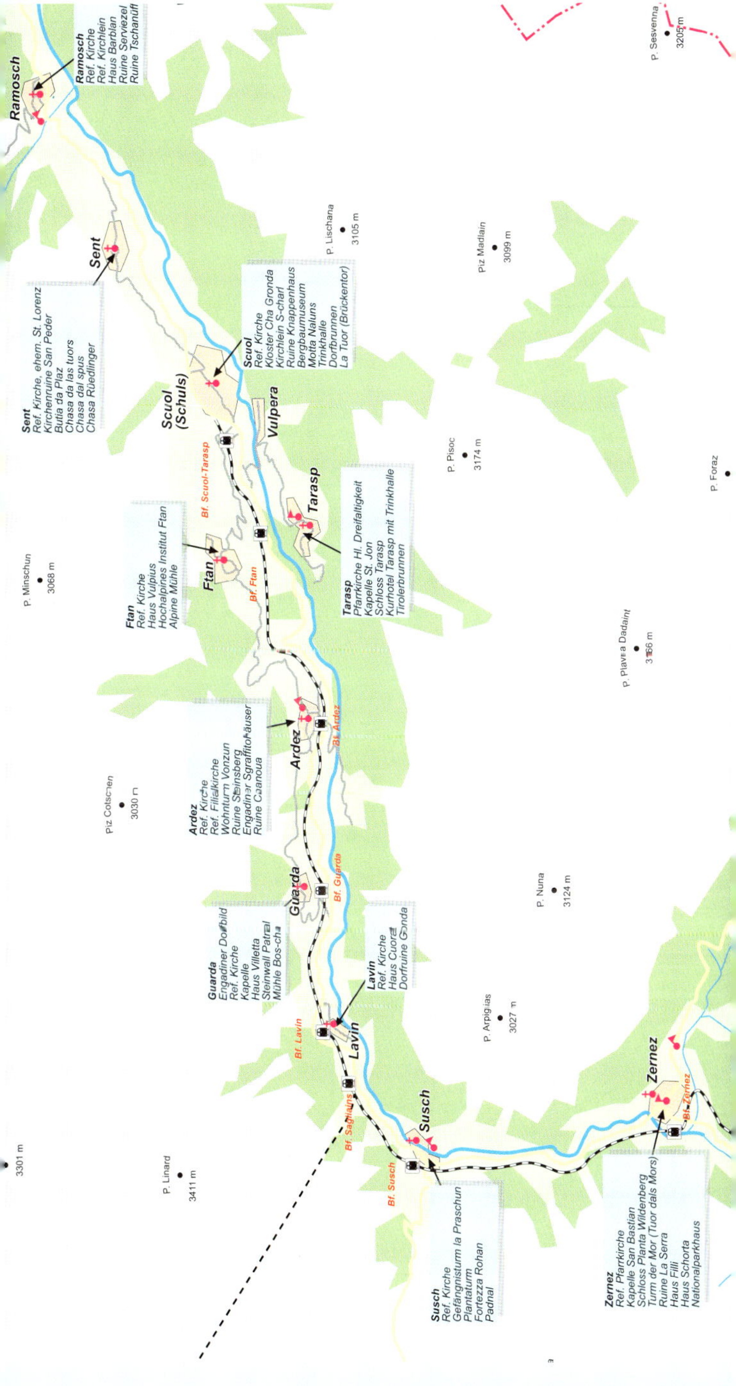

St. Moritz - Zernez - Scuol - Samnaun

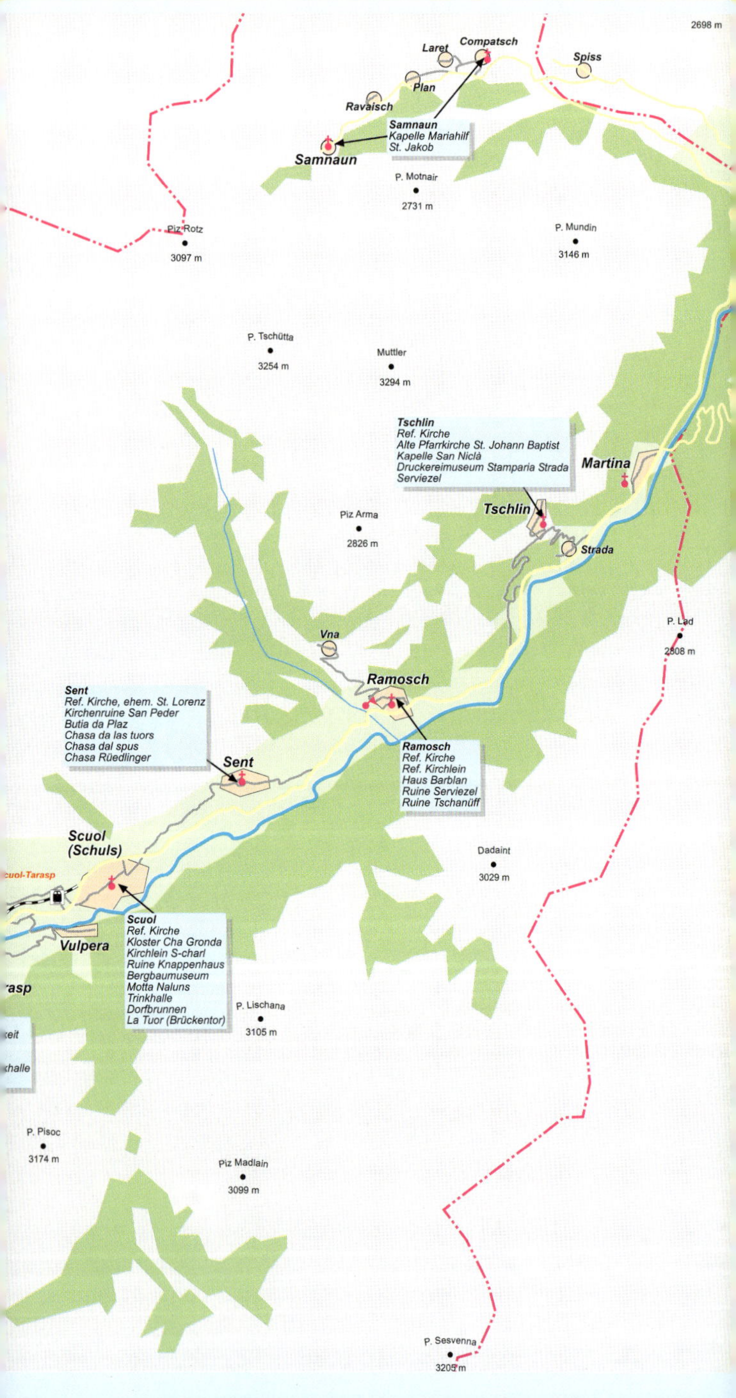

Bf. Zernez *(1471 m ü.M.)*. Eine private Buslinie fährt im Winter ins zollfreie Gebiet von Livigno. Über die Strasse durchs Münstertal sind Meran und Bozen zu erreichen.

Zernez** *Grosse Teile des Dorfes fielen dem verheerenden Brand im Jahre 1872 zum Opfer. Historische Bauten stehen nur noch im oberen Teil und am Dorfrand. Auf dem Kirchenhügel mit der* ***spätgotischen Kapelle San Bastian*** *wurde bei Ausgrabungen 1971 ein römisches Wohnhaus nachgewiesen. Weitere Sehenswürdigkeiten sind die* ***Ref. Pfarrkirche*** *mit schön geschnitzter Empore, das* ***Schloss Planta Wildenberg****, heute Gemeindehaus von Zernez, und der im 13. Jh. errichtete* ***Turm der Mor****. Ferner sind das Haus Filli mit der Kassettendecke von 1777 und das mit Sgraffitoarbeiten versehene* ***Haus Schorta*** *einen Besuch wert. In Zernez hat das* ***Nationalparkhaus*** *seinen Sitz.*

Schloss Planta Wildenberg, Zernez

=> Nach der Ausfahrt wechselt der Zug zum letzten Mal auf die andere Innseite. Die Fahrt geht durch die bewaldete Clüser-Talenge nach Norden. Zurück ist der Piz Quattervals im Nationalpark zu sehen. Es werden in kurzer Folge die Tunnel Praschitsch, Sparsa, Crastatscha und Sassella durchfahren. Vor dem nächsten Bahnhof wird die Susasca, die vom Flüela-Pass herabfliesst, überquert.

Bf. Susch *(1435 m ü.M.)* Vom Bahnhof fährt das Postauto über den Flüela-Pass nach Davos.

Susch** *Die typische Passfuss-Siedlung beherbergt in der* ***Ref. Kirche*** *eine Orgel im Rokokostil. Von stolzen früheren Zeiten zeugen der* ***Gefängnisturm la Praschun*** *und der Plantaturm mit einer barocken Haube. Auf dem Hügel Chaschinas befinden sich die* ***Ruinen einer französischen Wehranlage****, die so genannte* ***'Fortezza***

Ref. Kirche am Inn, Susch

Rohan', auf dem Hügel Padnal wurden prähistorische Funde freigelegt.

=> Nach links zweigt das Gleis in den Vereinatunnel nach Klosters ab. Es folgen der Val Otatunnel (128 m) und der Sasslatsch-Tunnel (232 m). Die Neubauten sind seit November 1999 Teile des Haupttunnelausgangs und der Autoverladeanlagen. Besonders im Winter herrscht hier reger Verkehr, denn der Tunnel ist neben der Albulastrecke eine weitere wintersichere Verbindung zwischen Unterengadin und Prättigau.

Bf. Lavin *(1432 m ü.M.)*

Lavin* *In der hübschen Ortschaft am Inn befindet sich der Ausgangspunkt zum Panorama-Höhenweg nach Vinadi. Ausserdem sind die* ***Ref. Kirche****, die eine im Rokokostil verzierte Kanzel beherbergt, das Haus Cuorat mit der Originalfassade von 1725 und die* ***Dorfruine Gonda*** *zu besichtigen.*

Ref. Kirche, Lavin

=> Der Zug durchfährt den Gonda-Tunnel (396 m). Oben voraus am Hang ist das Bergdorf Guarda auf der Bergterrasse zu sehen, rechts das Dorf Giarsun. Auf einer hohen Steinbrücke geht es über das Val Tuoi. Aus Kostengründen wurden viele Brücken der Unterengadinstrecke weitgehend identisch gebaut, um die Lehrgerüste mehrfach verwenden zu können.

Bf. Guarda *(1432 m ü.M.)*

Das sehenswerte Dorf Guarda liegt 200 m höher auf einer Terrasse und ist mit dem Postauto vom Bahnhof zu erreichen.

Guarda*** *Der beliebte Ferienort, erstmals im Jahre 1160 urkundlich erwähnt, ist weithin berühmt für sein prächtiges und gut erhaltenes Dorfbild. Vor allem das* ***Haus Villetta*** *mit dem geschwungenen Fassadengiebel, die* ***Kapelle*** *aus dem 13. Jh. und die*

Dorfplatz, Guarda

Ref. Kirche sind sehr sehenswert. Weitere Attraktionen sind der möglicherweise noch aus der Eisenzeit stammende Steinwall Patnal und die Mühle Boscha, von der noch Mühlensteine und ein wuchtiges Wasserrad erhalten sind.

=> Die folgende Strecke führt durch geologisch schwieriges Gelände. Hangrutschungen und Wassereinbrüche im Tunnel stellten ein grosses Problem dar. Die Bahn führt durch den Giarsun- (172 m) und den Magnacum-Tunnel (1909 m).

Bf. Ardez *(1432 m ü.M.)* Links vom Bahnhof liegt das mit einem kurzen Fussweg zu erreichende Dorf Ardez.

Ardez* *Die Geschichte des Dorfes reicht bis in die prähistorische Zeit zurück, aus der die so genannten Hexensteine stammen. Die im Renaissance-Stil errichtete Ref. Kirche von 1576/77, der einstmals fünfgeschossige Wohnturm Vonzun aus dem 13. Jh. und die ungegliederte romanische Ref. Filialkirche gehören zu den Sehenswürdigkeiten von Ardez. Im Dorf gibt es noch viele Engadiner Sgraffitohäuser aus dem 17.-18. Jh. Die Ruine Steinsberg war vermutlich nach 1100 als Wehranlage errichtet worden. Von der Ruine Chanoua, einst eine Poststation und Herberge, können noch vereinzelte Bauteile besichtigt werden.*

Ardez mit Ruine Steinsberg

=> Das folgende Talstück wird noch komplizierter für die Bahnstrecke. Tiefe Einblicke bieten sich rechts auf den Inn. Es wechseln Felseinschnitte, Schutzmauern und Tunnel. Nach dem Craistas-Tunnel (514 m) kommt links auf einer Felsspitze das bekannte *Schloss Tarasp* in den Blick, eine der markantesten Burgen der Schweiz. Nun folgt der drittlängste Tunnel der RhB, der Tasna-Tunnel (2351 m), gefolgt

Püzza-Steinviadukt

vom 53 m hohen Püzza-Steinviadukt.

Bf. Ftan *(1335 m ü.M.) Das zugehörige Dorf liegt links oberhalb der Bahn mit herrlichem Ausblick auf die gegenüberliegenden Berge.*

Ftan, Ortsansicht

Ftan* *Das abgelegene Dörfchen, im Jahre 1150 als 'Vetane' genannt, liegt auf einer sonnigen Terrasse. Ein Besuch der* ***Ref. Kirche*** *von 1633/34, der immer noch funktionstüchtigen Alpinen Mühle und des* ***Hauses Vulpius*** *ist sehr lohnenswert. Im Hochalpinen* ***Institut Ftan****, 1793 von* ***Pfarrer Andrea Rosius à Porta*** *gegründet, befindet sich heute eine private Mittelschule.*

=> Auf der Weiterfahrt werden mehrere enge Seitentäler überbrückt. Die Strecke verläuft hoch über dem Inn. Rechts die ***Lischana-Gruppe*** mit ***Piz Lischana*** (3105 m). Nach hinten links ist das malerische Dorf Ftan noch einmal zu sehen. Rechts im Tannenwald erscheint das Kurhotel mit Trinkhalle des ausgedehnten Kurgebiets von Bad Scuol-Tarasp-Vulpera.

Postauto auf dem Weg nach Ftan

Bf. Scuol-Tarasp
(1287 m ü.M.) Damit ist der derzeitige Endbahnhof erreicht. Der Bahnhof wurde hoch über dem Ort Scuol angelegt, um einen Weiterbau zu ermöglichen. Die geplante Weiterführung nach Tirol unterblieb jedoch bis heute.

Schloss Tarasp, Blick aus der Bahn

Postautoverbindungen: Bf. Scuol - Scuol (Dorf)

Scuol*** *Der beliebte Bade- und Ferienort an den Südausläufern der Silvretta wartet heute mit einer Reihe schöner* ***typisch Unterengadiner Häuser*** *auf, wobei besonders das* ***Haus Gluderer*** *aus dem Jahre 1661 hervorsticht. Schöne Sterngewölbe und Fresken können im Inneren der* ***Ref. Kirche*** *besichtigt werden. Im* ***ehem. Kloster Cha Gronda*** *befindet sich heute das* ***'Museum d'Engiadina Bassa'****. Weitere Sehenswürdigkeiten sind das aus dem 11./12. Jh. stammende* ***Kirchlein S-charl****, die* ***Ruine Knappenhaus*** *und das im 15. oder 16. Jh. erbaute* ***wehrhafte Brückentor (La Tuor)****. Direkt am Inn befindet sich die Trinkhalle mit den* ***stärksten Glaubersalzquellen. Mineralwasser*** *unterschiedlicher Zusammensetzung sprudelt aus den* ***Quellen Sotsass****,* ***Clozza****,* ***Vi und Tulai****. An den Dorfbrunnen können die an Kalzium und Magnesium reichen Wasser frisch verköstigt werden.* ***Bergbaumuseum Schmelzra*** *und Bergwerksstollen informieren über die Geschichte des Bergbaus in der Region.*

Scuol

Postautoverbindung: Bf. Scuol - Tarasp

Tarasp** *Bekannt ist Tarasp neben dem eindrucksvollen* ***Schloss Tarasp****, in dessen Räumlichkeiten ein Museum untergebracht ist, durch die einzigartigen Glaubersalzquellen. Im* ***Kurhotel Tarasp mit Trinkhalle*** *kann man die heilende Wirkung der Glaubersalzquellen erfahren. Sehenswert sind die* ***Pfarrkirche***

Schloss Tarasp

Hl. Dreifaltigkeit, deren Altar mit reichen Schnitzarbeiten versehen ist, und die 1827 errichtete ***Kapelle St. Jon***. Den malerischen Tirolerbrunnen schmückt eine Heiligenfigur.

Postautoverbindungen: Bf. Scuol - S-charl oder weiter ins Unterengadin und nach Landeck.

=> Mit dem Postauto wird die Strecke über Hochfinstermünz nach Samnaun oder Landeck in Tirol weitergeführt. Der nächste zu erreichende Ort ist Sent.

Sent** *Die typischen 'Senter Giebel' und die vielen Brunnen machten den Ort bekannt. Zwei bedeutende Gotteshäuser sind die **Ref. Kirche**, deren Ursprünge bis in das 13. Jh. zurückreichen, und die **Kirchenruine San Peder**. Die Überreste der vermutlich 1173 errichteten **'Baselgia San Peder'** sind das Wahrzeichen von Sent. Der mächtige barocke Bau **'Butia da Plaz'**, die **'Chasa da las tuors'** von 1905, die **'Chasa dal spus'** mit umfangreich bemalter Fassade und die **'Chasa Rüedlinger'** mit einem Museum prägen das Ortsbild.*

Haus mit Senter Giebel, Sent

=> Weiter Inn abwärts folgt an der Einmündung des Val Sinestra der Ort Ramosch.

Ramosch* *Etwas abseits der Touristenzentren im so genannten 'Unterengadiner Fenster' liegt der Ort Ramosch. Zeugnisse der Vergangenheit sind die **Ruine Tschanüff**, einst eine mächtige Wehranlage,*

Ruine Tschanüff, Ramosch

die **Ref. Kirche mit dem Sakramentshäuschen** und das **Ref. Kirchlein**. Das besonders schöne Gebäude des **Hauses Barblan** steht exemplarisch für die vielen **reich dekorierten Häuser in der Fraktion Vnà**. Hinter dem Begriff Serviezel verbergen sich Überreste eines Turms.

=> Nach einer kurvenreichen Fahrt wird der letzte Ort des Unterengadins vor der Grenze zu Österreich erreicht.

Tschlin* *In sonniger Terrassenlage thront der ruhige Ort über dem Tal. Neben besonders* ***schönen Wohnhäusern*** *sind die* ***Ref. Kirche*** *mit Wandbildern aus der Zeit vor der Reformation, die* ***Alte Pfarrkirche St. Johann Baptist****, der aus dem 12. Jh. stammende Bau der* ***Kapelle San Niclà*** *und die im barocken Stil errichtete* ***Ref. Kirche*** *in Martina sehr sehenswert. Ausserdem gibt es das Druckereimuseum Stamparia Strada und die Überreste der ausgedehnten* ***Burganlage Serviezel*** *zu besichtigen.*

=> Kurz vor der Landesgrenze nach Österreich biegt das Postauto in Vinadi zur zollfreien Zone Samnaun ab. Steil geht die Fahrt bergauf.

Samnaun* *(1849 m ü.M.) Seit 1892 ist Samnaun Zoll-Freizone. Zwei Sakralbauten sind hier erwähnenswert: Die* ***Kapelle Mariahilf*** *geht auf Umbauten um 1500 und 1887 zurück. Von der* ***Pfarrkirche St. Jakob*** *sind von dem um 1500 errichteten Gotteshaus wegen Um- und Anbauten nur noch der spätgotische Turm sowie Teile der Chormauern erhalten.*

Es bestehen Postautoverbindungen nach Landeck in Tirol.

San Niclà, Tschlin

Kapelle Mariahilf, Samnaun

St. Jakob, Samnaun

Zernez - Ofenpass - Müstair - Mals

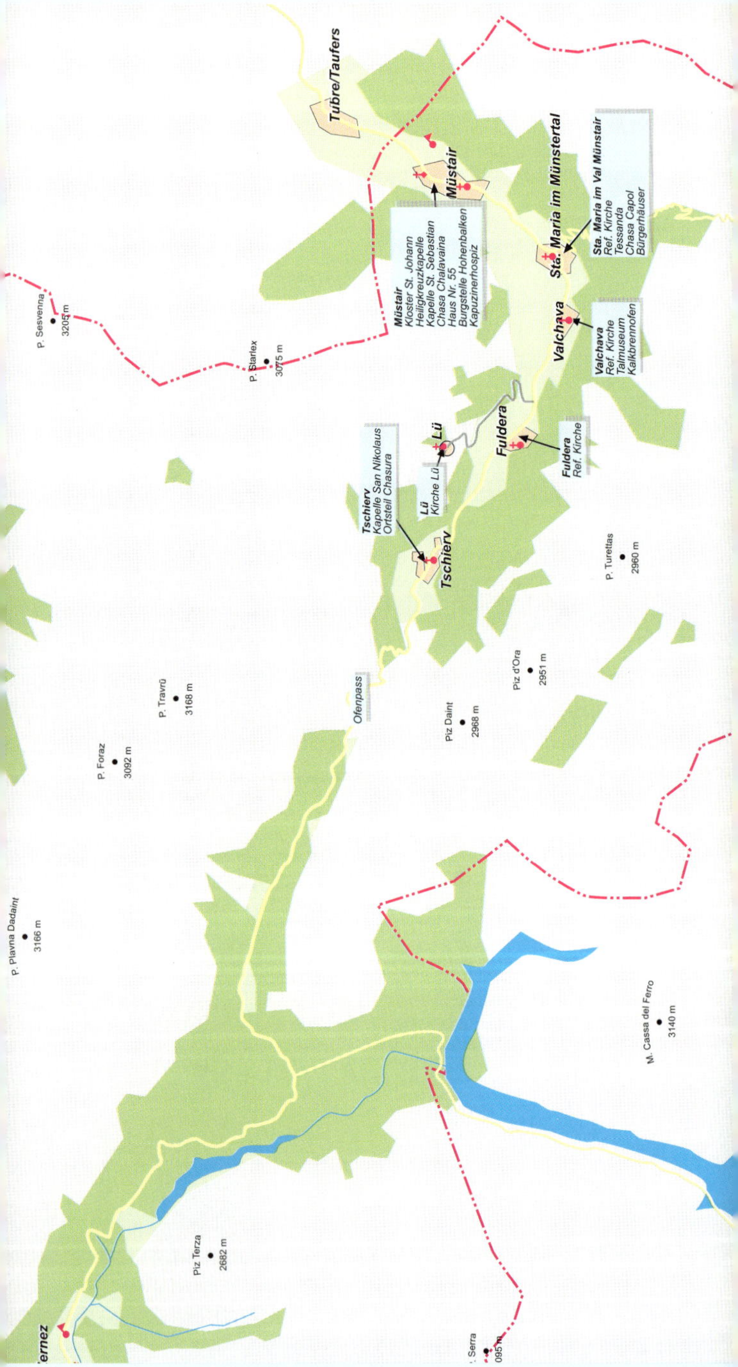

Das Val Müstair
Die Verbindung vom Engadin ins Etschtal und ins Veltlin wurde schon in prähistorischer Zeit genutzt. Die damalige Bedeutung der Route, die eine Höhe von bis zu 2.149 m erreicht, kommt auch durch die Gründung des Klosters Müstair um das Jahr 800 zum Ausdruck. Trotz seiner vermeintlichen Abgeschiedenheit litt das Tal sehr in den kriegerischen Auseinandersetzungen zwischen Bündnern und Österreichern.

Postauto im Val Müstair

Postautoverbindung: Bf. Zernez - Ofenpass - Fuldera - Sta. Maria i. Val Müstair - Müstair, zum Bf. Mals der Vintschgaubahn (Südtirol)

Bf. Zernez. Nach der Abfahrt vom Bahnhof geht die Fahrt zunächst durch den Ort, vorbei am Abzweig nach Livigno und über eine kurvenreiche Strasse zum Ofenpass.

Ofenpass, Ebene Buffalora

Ofenpass* *(2149 ü.M.) Der Name weist auf den im 14. und 15. Jh. intensiv betriebenen Bergbau hin. Bis heute haben sich aber nur einige Stolleneingänge erhalten.*

=> Nach steiler Abfahrt (10 %) erreicht der

Tschierv, Ortsteil Chasura

Bus am Fuss des Passes den nächsten Ort.

Tschierv** *Der Name des Dorfes kommt aus dem Romanischen und bedeutet 'Hirsch'. Den Besucher erwarten in Tschierv die* ***Kapelle San Nikolaus*** *mit einer sehenswerten Orgel und einer schön gestalteten Empore sowie der* ***Ortsteil Chasura****, der älteste Teil des Ortes.*

Kiche Lü

=> Weiter bergab liegt am Südhang Fuldera.

Fuldera *Das malerisch an einem Hang rechts des Rombaches gelegene Bauerndorf, im Jahre 1332 als 'Valdera' genannt, wartet mit einer Vielzahl an hübschen, mit* ***Sgraffitoarbeiten verzierten Häusern*** *auf. Ausserdem ist die* ***Ref. Kirche*** *aus dem Jahr 1708 zu besichtigen.*

Valchava

Postautoverbindung: Fuldera-Posta - Ort Lü (auf dem gegenüberliegenden Talhang)

Lü *Das Dorf ist die am höchsten gelegene politische Gemeinde der Schweiz.*

Chasa Capol, Sta.Maria im Val Müstair

Ref. Kirche, Sta. Maria i. Val Müstair

Sie liegt mit ihrer **Kirche,** *die sich als ein kleines schlichtes Gotteshaus präsentiert, hoch über dem Tal auf einer sonnigen Terrasse.*

=> Nach kurzer Weiterfahrt wird Valchava erreicht.

Valchava *Sehenswert sind die mit einer barocken Zwiebelhaube versehene* **Ref. Kirche***, das Talmuseum, das sich in der* **Chasa Jaura Valchava** *befindet, und der* **restaurierte Kalkbrennofen** *aus der Frühzeit des Val Müstair.*

=> Bei der Weiterfahrt bietet sich ein Ausblick nach Süden ins Val Muraunza zum Umbrailpass (2769 m) und nach Norden in Richtung Müstair.

Sta. Maria im Val Müstair* *Vom Hauptort des Val Müstair führt der Weg über den Umbrail-Pass ins Veltlin und zum Stilfserjoch. Trotz vieler Zerstörungen in den vergangenen Jahrhunderten finden Besucher immer noch etliche schöne, mit Sgraffitoarbeiten und schmiedeeisernen Gittern* **verzierte Bauernhäuser** *vor. Auch die Bürgerhäuser präsentieren sich als stattliche Gebäude mit repräsentativen Fassaden und*

Kloster St. Johann, Müstair

qualitätvoller Ausstattung. Zu besichtigen sind auch die ***Ref. Kirche*** *aus dem Jahr 1492, das Handwebatelier Tessanda und der heute als Hotel genutzte eindrucksvolle Bau* ***Chasa Capol****.*

=> Dem Fluss Rom folgend erreicht die Buslinie den letzten Ort der Schweiz vor der österreichischen Grenze.

Müstair*** *Das lang gezogene Strassendorf Müstair stellt heute die grösste Gemeinde im Tal. Die Ortschaft ist vor allem durch das* ***Kloster St. Johann****, das im 8. Jh. durch Karl den Grossen gegründet wurde, weltbekannt. Weitere Sehenswürdigkeiten sind die* ***Heiligkreuzkapelle****, die einzig erhaltene Dreikonchenanlage der Schweiz, die kleine* ***spätgotische Kapelle St. Sebastian*** *von 1510, das Haus Nr. 55, dessen Fassade mit Heiligenbildern des St. Jakobus und des St. Sebastian geschmückt ist, und die* ***Chasa Chalavaina****, die Bauteile aus dem 13. Jh. enthält. Lohnenswert ist ferner ein Besuch der* ***Burgstelle Hohenbalken*** *(Balcun At) und des 1709 erbauten* ***Kapuzinerhospizes****.*

Heiligkreuzkapelle, Müstair

=> Es bestehen Busverbindungen zum Bf. Mals

Bf. Mals. ***Hier besteht Anschluss mit der Vintschgaubahn nach Meran und Bozen.***

Postauto und Vintschgaubahn im Bf. Mals

St. Moritz - Bernina - Poschiavo - Tirano

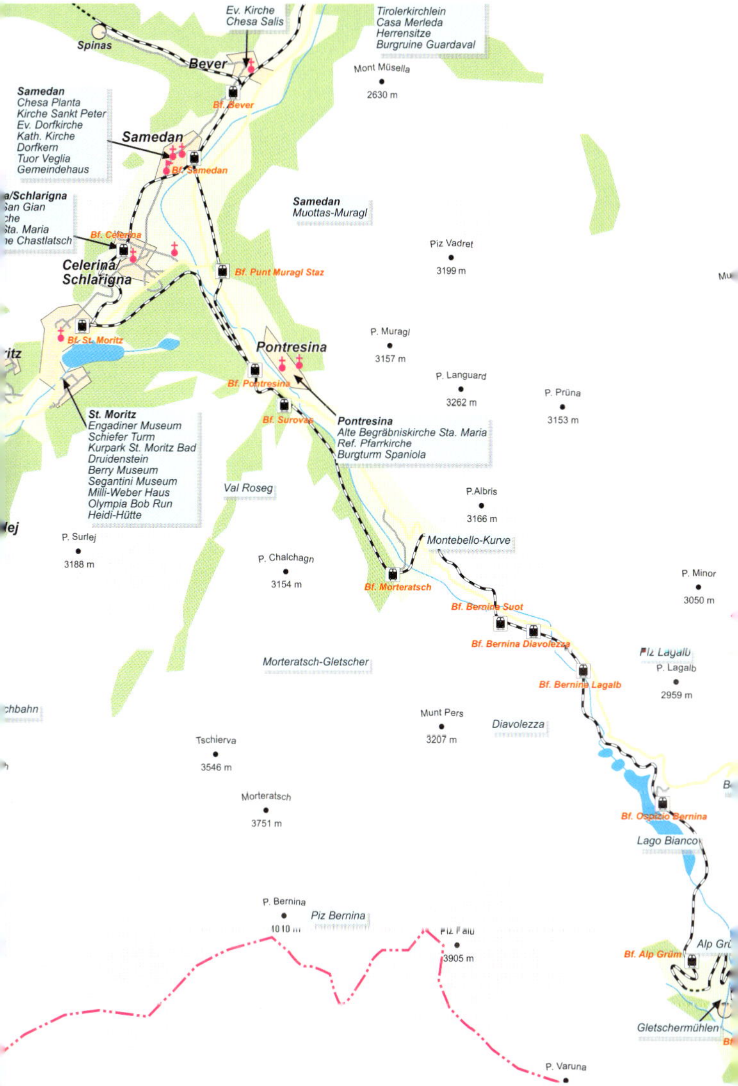

Diese 60,7 km lange Strecke wurde zwischen 1906 und 1910 gebaut. Sie überwindet als einzige Alpenbahn im Adhäsionsbetrieb mit maximaler Neigung von 70 ‰ ohne Scheiteltunnel die Alpen in 2253 m Höhe. Seit Beginn wird sie mit 1000 Volt Gleichstrom betrieben. 1943 wurde die Berninabahn in das Netz der Rhätischen Bahn integriert. Zwischen dem Bernina-Pass und Tirano auf 438 m ü.M. wird auf einer Strecke von ca. 25 km Luftlinie ein Höhenunterschied von 1819 m überwunden. Der 90 Minuten lange Abstieg aus der Gletscherregion ins Tal der Reben, Feigen und Zypressen hinterlässt dabei den stärksten Eindruck!

Bahnfahrt: St. Moritz (Samedan) - Pontresina - Berninapass - Poschiavo - Tirano

Bf. St. Moritz *(1778m ü.M.)* Nach der Bahnhofsausfahrt überquert die Strecke den Inn, führt durch den 689m langen zweiten Charnadüra-Tunnel und am Hang entlang durch Arvenwälder. Nach Norden sieht man die Kapelle San Gian, dahinter den Ort Celerina.

HSt. Celerina Staz *(1720m ü.M.)* Die Station verfügt über ein schönes Gebäude im Bündner Stil.

*Weithin sichtbar auf einem Hügel liegt die **Kirche San Gian** mit ihrem einschiffigen Langhaus aus dem 14. Jh. 1682 wurde der Turm vom Blitz getroffen und nicht wieder erneuert.*

HSt. Punt Muragl Staz *(1736m ü.M.) Nach Osten klettert die Bergbahn auf den 2568m hohen Aussichtsberg **Muottas-Muragl** mit herrlicher Fernsicht über die Oberengadiner Seenplatte bis zum Maloja-Pass und nach Süden bis zum Piz Bernina. Die Standseilbahn hat eine Steigung von 52%.*

=> Links unterhalb verläuft die Bahnlinie nach Samedan. Die beiden Strecken treffen in Pontresina zusammen.

St. Moritz, rechts liegt der Bahnhof

Bf. Pontresina *(1777m ü.M.)* Im Bahnhof treffen zwei verschiedene Stromsysteme aufeinander. Die Berninastrecke wird mit Gleichstrom betrieben, im Gegensatz zum Rest der RhB, die mit Wechselstrom fährt. Aus diesem Grund können die wichtigen Fahrleitungen umgeschaltet werden. Das 1980 neu errichtete Stellwerk steuert die gesamte Strecke zwischen St. Moritz und Tirano in Italien. Für die War-

Kirche San Gian, Celerina

tung der Gleichstromfahrzeuge ist das hiesige Depot zuständig.

Pontresina*** *Eingebettet in eine beeindruckende Berglandschaft, gilt Pontresina zu allen Jahreszeiten als beliebter Kurort. Ausserdem steht hier die* ***alte Begräbniskirche St. Maria****, deren besonderer Schmuck der bedeutende Magdalenenzyklus an den Wänden aus der Zeit der Erweiterung ist. Die* ***Ref. Pfarrkirche*** *stammt aus dem Jahr 1640, während man den* ***fünfeckigen Burgturm Spaniola*** *auf das 13. Jh. datiert.*

Pontresina

=> Langsam fährt der Zug weiter auf der kurvenreichen Strecke aufwärts entlang des Berninabaches.

Ausweichstelle Surovas *(1822 m ü.M.)*. Vor uns erhebt sich der Piz Palü Gipfel.

HSt. Morteratsch *(1899 m ü.M.)* Direkt nach dem Bahnhof werden die Schmelzwasser des Morteratschgletschers überquert. Durch eine Linkskurve und über den Berninabach klettert die Strecke bergan zur Montebello-Kurve. Sie ist bei Eisenbahnfreunden äusserst beliebt, lässt sich doch von hier aus der Zug mit dem Morteratschgletscher hervorragend fotografieren. Bei der Weiterfahrt breitet sich nach rechts das gewaltige Panorama des ***Berninamassivs*** mit ***Bellavista***, ***Piz Bernina***, ***Piz Morteratsch*** sowie dem ***Morteratschgletscher*** aus.

Blick vom Bf. Morteratsch

Bf. Bernina Suot *(2049 m ü.M.)* Die gedeckte Drehscheibe rechts ermöglicht auch im Winter das Drehen der Schneeschleuder. Beim Verlassen der Station fällt der Blick nach links ins Val dal Fain (Heutal), bekannt durch seine Steinböcke und die einzigartige Vegetation. Rechts voraus wird die Diavolezza-Luftseilbahn sichtbar. An der Baumgrenze wird die Landschaft von

Wiesen und Felsblöcken geprägt.

HSt. Bernina Diavolezza *(2085 m ü.M.)* Oberhalb des Bahnhofs ist die Talstation der Diavolezza-Luftseilbahn zu erkennen.

Diavolezza*** *Die Seilbahn befördert ihre Gäste auf 3750 m Höhe und ermöglicht einen herrlichen Ausblick auf das* ***Berninamassiv*** *mit* ***Bellavista*** *(3892 m),* ***Piz Bernina*** *(4049 m),* ***Piz Morteratsch*** *(3751 m) und auf den 9 km langen und 1 km breiten* ***Morteratschgletscher****.*

Morteratsch-Gletscher

=> Links fällt der Blick auf die hellgrauen Kalkwände des Piz Alv. Galerien schützen bis nach Laraglia die Bahnstrecke vor bis zu 8 m hohen Schneeverwehungen.

HSt. Bernina Lagalb *(2099 m ü.M.)* Die Talstation der Luftseilbahn zum Piz Lagalb liegt links der Strecke. Vom Piz Lagalb bietet sich ebenfalls ein schöner Rundblick. In den heute stillgelegten Bergwerken der Umgebung liess der Bischof von Chur einst Silber fördern.

Montebellokurve mit Morteratschgletscher

Um die Schneeräumung zu erleichtern, wurde das folgende Streckenstück in den dreissiger

Berninamassiv von der Diavolezza

RhB-Zug vor der Station Diavolezza

Jahren in die lawinensichere Talsohle bei der Alp Bondo verlegt. In mehreren grossen Kurven durch das von früheren Gletschern geformte Hochtal gewinnt der Zug an Höhe. Die Bahnlinie führt an den Seen Lej Pitschen und **Lej Nair (Schwarzer See)** vorbei, deren Wasser nach Norden zum Inn und zur Donau abfliessen. Die schwarze Farbe rührt von den Wasseralgen, die im See gedeihen. Der nächste See, der **Lago Bianco (Weisser See),** ist durch einen gemauerten Damm gestaut. Er liegt jenseits der europäischen Wasserscheide, da sein Wasser nach Süden zur Adda und zum Po abfliesst. Das Wasser des Stausees dient auf der Südflanke vier grossen Kraftwerken zur Stromerzeugung. Hinter dem See ist der **Cambrenagletscher** des **Piz Cambrena** zu sehen. Hier oben verläuft auch die Sprachgrenze zwischen dem rätoromanischen Engadin und dem italienischen Puschlav.

Lago Bianco

Bf. Ospizio Bernina *(2253m ü.M.)* Dieser Bahnhof ist die höchstgelegene Station der Rhätischen Bahn. Die Strecke führt mitten durch das Depot mit der wettergeschützten Drehscheibe, die den Betrieb der elektrischen Schneeschleuder sichert. Zwei grosse Dampfschneeschleudern waren jahrzehntelang hier stationiert. Die Gleise der Station sind mit Toren gegen den Schnee im Winter geschützt.

St. Moritz - Bernina - Poschiavo - Tirano

Bernina-Pass*** *Zwischen Pontresina und Poschiavo befindet sich auf einer Höhe von* ***2.328m der Bernina-Pass****, der Mitte des 16. Jh. Teil einer von Frankreich etablierten Postverbindung zwischen Chur und Aprica war. Ein Ausflug zu den* ***Gletschermühlen****, deren Geschichte wohl schon 20.000 bis 30.000 Jahre alt ist, und zum* ***Lago Bianco****, der seinen Namen dem milchig scheinenden Gletscherwasser verdankt, ist sehr lohnenswert.*

Bf. Hospiz Bernina-Pass

=> Am Stausee entlang geht die Fahrt langsam bergab. Bis in den Juli treiben auf dem See noch Eisschollen. Durch Lawinengalerien auf der neu verlegten Strecke geht es weiter zum Scala-Tunnel (192 m), gefolgt vom Drage-Tunnel (54 m) bis zum nächsten Bahnhof.

Valposchiavo. *Von der Passhöhe des Bernina nach Süden erstreckt sich das fruchtbare Tal mit seinem schon stark südlich geprägten Klima. Der besondere italienische Dialekt schlägt eine Brücke zum romanischen des Engadin.*

Blick ins Valposchiavo

Bf. Alp Grüm *(2091m ü.M.)*

Als Kreuzungsbahnhof angelegt, dient die Station den Zugbegegnungen. Wer hier die Fahrt unterbricht, kann die auf vielen Fotografien abgebildete 180-Grad-Kurve persönlich in Augenschein nehmen. Oberhalb bietet sich ein herrlicher Ausblick auf den ***grossen Palügletscher*** und den Bahnhof. Unterhalb reicht der Blick über die Station Cavaglia weiter ins Puschlav mit der Wasserfläche des Puschlaver Sees bis zu den Bergamasker Alpen. Nach der Ausfahrt und durch die 180-Grad-Kurve geht die Fahrt am Hang entlang bergab zum Palügletschersee. Auf 5 km Luftlinie müssen 1000 Höhenmeter überwunden werden. Es folgen der Palü-Tunnel (254 m), der Stabline-Kehrtunnel

(289 m) und weitere Kehren. Ein Ausblick ins Puschlaver Tal bietet sich mal rechts mal links. Manchmal ist auch das untere Gleis zu sehen, das gleich danach befahren wird.

Bf. Alp Grüm mit hist. Triebwagen

HSt. Cavaglia *(1693 m ü.M.)* In der Talebene von Cavaglia erstreckte sich einst ein See, der von der tiefen Schlucht Puntalta (Hohe Brücke) abgeschlossen wird. Rechts oberhalb des Dorfes ist das Werk Palü der Kraftwerke Brusio AG zu sehen. Eine unterirdische Standseilbahn verläuft neben den Druckleitungen. Die Strecke verläuft weiter durch die enge Schlucht, über den Cavagliasco und durch die Val Pila-, Oberer Varona- und Unterer Varona-Tunnel.

180^0 Kurve am Bf. Alp Grüm

Bernina-Express nach Alp Grüm

HSt. Cadera *(1383 m ü.M.)* Die Bahn führt durch den Balbalera-Tunnel (122 m).

HSt. Privilasco *(1119 m ü.M.)* Weiter geht die Fahrt zum Hauptort des Tales: Poschiavo.

Bf. Poschiavo *(1014 m ü.M.)* Der Bahnhof ist der südliche Stützpunkt der Berninabahn. Eine moderne Fahrzeughalle mit Werkstätten zur Fahrzeuginstandhaltung und umfangreiche Verladeanlagen lassen auf einen regen Güterverkehr schliessen.

Poschiavo*** *Der Hauptort des Tals wartet mit kleinen Gäss-*

Bf. Poschiavo

chen und ***stolzen Patrizierhäusern*** *auf. Eines der schönsten Gebäude ist der* ***Palazzo Albrici à la Poste*** *am Hauptplatz des Ortes. Im Süden von Poschiavo befindet sich das* ***Spaniolenviertel****, in dem die reichen Heimkehrer ihre Villen erbauten. Das Kirchenschiff der* ***Kirche San Vittore Mauro*** *wurde um 1500 im spätgotischen Stil gestaltet. Die* ***Kapelle San Pietro*** *präsentiert sich dagegen als frühmittelalterlicher Saalbau. In Poschiavo lohnt sich ein Besuch des* ***Kunstmuseums Casa Console****, das eine der grössten Sammlungen mit Gemälden von Carl Spitzweg in der Schweiz beheimatet, und des* ***Puschlaver Talmuseums****. Während der mittelalterliche* ***Wohnturm Torre di Municipio*** *aus dem frühen 13. Jh. stammt, wurde das* ***Alte Kloster*** *im Jahr 1654 errichtet. Die* ***barocke kreuzförmige Kirche St. Maria Assunta*** *liess man 1692 erbauen. Südlich von Poschiavo, in Richtung Brusio, befindet sich der mit ca. 2 km² grösste der insgesamt 23 Seen im Puschlav, der* ***Lago di Poschiavo****.*

Casa Torre, Poschiavo

=> Im breiten Tal nach Süden wird unser Zug auf der weiteren Fahrt auch zur Strassenbahn. Enge Ortsdurchfahrten zwingen zu langsamer Fahrweise, da die Gleise teilweise in der Strassenmitte verlegt sind.

HSt. Li Curt *(985 m ü.M.)* Geruhsam geht die Fahrt weiter.

Bf. Le Prese *(966 m ü.M.)* Nun verläuft die Bahntrasse entlang des 2,5 km langen und 1,5 km breiten Puschlaver Sees. Er entstand durch einen nacheiszeitlichen Bergsturz, der den Talausgang abschloss. Die berühmte Wallfahrtskapelle San Romerio ist in 1800 m Höhe über dem See zu sehen.

HSt. Miralago *(965 m ü.M.)* Der Ort wurde auf den Schuttmassen des Bergsturzes erbaut. Von der Staumauer

aus führt eine Druckleitung das Wasser zum Kraftwerk Brusio. Zurück bietet sich ein Blick über den See auf die Berge der Berninagruppe.
Nun wird das Tal sehr eng, die Bahn überwindet mit stärkerem Gefälle und in mehreren grossen Schleifen den Höhenunterschied. Aus dem Fenster ist der malerische Ort Brusio mit seinen Glockentürmen aus dem 17. Jh. zu erkennen.

Ortsdurchfahrt in St. Antonio

Bf. Brusio *(780 m ü.M.)* Die Gemeinde liegt auf der untersten Talstufe vor der italienischen Grenze.

Brusio** *Mit mehreren historischen Bauten beeindruckt der Ort die Besucher. So lohnt sich ein Besuch der* ***Ref. Kirche*** *mit schöner Orgel von 1786 und der* ***Kirche S. Carlo Borromeo*** *mit wertvollen Gemälden. Als Sehenswürdigkeiten gelten auch das* ***Patrizierhaus Casa Besta****, der* ***Rundkeller 'Crot'****, und das* ***ehem. Bürgerhaus Casa Communale*** *aus dem 17. Jh. Die* ***Wallfahrtskirche San Romerio*** *erhebt sich fast 1000 m über dem Tal über einer prähistorischen Kultstätte. Das* ***Kreisviadukt*** *der Rhätischen Bahn scheint den Ort regelrecht zu umschliessen.*

Lago di Poschiavo

=> Weiter geht die Fahrt am Hang entlang durch Kastanienwälder und Rebhänge. Rechts kommt das offene **Kreisviadukt von Brusio** in Sicht. Um den Höhenunterschied zu überwinden wurde das 107 m lange Brückenbauwerk errichtet, in

San Carlo, Brusio

dem der Zug eine Kurve von mehr als 360 Grad durchfährt.

Kreisviadukt, Brusio

HSt. Campascio *(636m ü.M.)* Nach dem kleinen Ort, mit seinen pittoresken Hausgruppen, wechselt die Strecke mit der Strasse auf die andere Talseite.

Bf. Campocologno *(553m ü.M.)* Das letzte Maschinenhaus der Kraftwerke Brusio ist links zu sehen. Die Gesamtanlage war zeitweise das grösste Wasserkraftwerk Europas, aus dem noch heute die RhB beliefert wird. Durch die Druckleitungen die geradlinig vom Monte di Scala (rechts) ins Tal hinunterführen, stürzen die Wassermassen auf die Turbinenräder. In der Piatta Mala, einer schluchtähnlichen Verengung wird die schweizerisch-italienische Grenze überquert und das Addatal erreicht.

Madonna di Tirano, Tirano

Bf. Tirano *(429m ü.M.)* Direkt neben dem Endbahnhof der Berninabahn liegt der Bahnhof der italienischen Staatsbahnen. Die Rhätische Bahn wickelt über den Bahnhof auch einen umfangreichen Güterverkehr ab, wie die ausgedehnten Verladeanlagen anzeigen. Im Empfangsgebäude befindet sich die italienische Zollbehörde.

Hier besteht Bahnanschluss nach Oberitalien.

RhB Bf. Tirano

Thusis - Splügen - San-Bernardino-Pass

Postautoverbindung: Bf. Thusis - Zillis-Post

Postauto in der Viamala-Schlucht

Rongellen. *Dieses Dorf, das wahrscheinlich auf die im Jahre 1344 als 'Rungal' bezeichnete Siedlung zurückgeht, befindet sich am alten* ***Viamala-Weg*****. Möglicherweise führte hier schon zur spätrömischen Zeit eine Transitroute entlang.*

Viamala-Schlucht, Thusis

Zillis-Reischen*** *Eine Fülle von Sehenswürdigkeiten warten auf Besucher, vor allem die* ***Kirche St. Martin*** *mit der prachtvollen Bilderdecke, die insgesamt 153 Bildtafeln umfasst. Die* ***Ausstellung*** *bietet interessante Einblicke in die mittelalterliche Kunst der Deckenmalerei. Die* ***Kulthöhle Zillis****, eine alte römische Kultstätte, liegt unterhalb der* ***Burgruine Hasenstein*** *mit Überresten einer Wehranlage des 13. Jh. Aus dem 12. Jh. sind noch die Reste der* ***Burg La Tur*** *erhalten. Rechtsseitig der Viamala befinden sich am alten Handelsweg Via Traversina die* ***Ruinen der Kapelle St. Albin****, die bereits im 12. Jh. genannt wird. Weitere Ausflugsziele sind das* ***Schamser Talmuseum*** *und die* ***Erzminen****, die man in den Sommermonaten besichtigen kann.*

St. Martin, Zillis

Postautoverbindung: Zillis Post - Wergenstein

Donat. *Schon vor 1100 Jahren gab es hier einen Meierhof und 1463 wird der Ort selbst urkundlich genannt. In der Ortschaft steht die* ***Ref. Kirche****, die man mit einem niedrigen Langhaus erbaut hat.*

Ortsansicht, Lohn

Lohn* *Am oberen Schamserberg befindet sich diese Siedlung, deren Geschichte bis ins Frühmittelalter zurückreicht. Die* ***Ref. Kirche*** *entstand aus Um- und Anbauten eines Gotteshauses aus dem 12. Jh. Das* ***Pfrundhaus****, ehemaliges Schulhaus von Lohn, geht auf das 17. Jh. zurück.*

Ortsansicht, Casti

Mathon* *Das Dörfchen liegt auf einer sonnigen Hochebene und bietet einen herrlichen Ausblick auf das Schamsertal. Die* ***Kirchenruine St. Antonius*** *wird ins 9. Jh. datiert. Weithin sichtbar ist der Turm der* ***Kirche St. Martin*** *aus dem Jahr 1728. Sehenswert ist ausserdem das* ***Bauernhaus Dolf-Camenisch****, das um einen noch gut erkennbaren* ***Wohnturm*** *des 12./13. Jh. erbaut wurde.*

Casti-Wergenstein* *Die romanisch sprachige Siedlung verfügt über eine Sehenswürdigkeit ersten Ranges: In der* ***Ref. Kirche in Casti*** *aus dem 12. Jh. sind Wandmalereien der Waltensburger Schule erhalten. Beim Weiler Wergenstein wurden bei Ausgrabungen mehrere* ***Steinkistengräber*** *aus dem 7. Jh. entdeckt.*

Haus Dolf-Camenisch, Mathon

Postautoverbindung: Zillis-Post - Andeer-Post

Clugin* *Im 12. Jh. gab es hier bereits eine* ***romanische Kirche,*** *die heutige Ref. Kirche, deren Wände um 1350 mit Malereien des so genannten 'Waltensburger Meisters' gestaltet wurden. Sehenswert sind ausserdem die* ***Turmruine Cagliatscha****, die aus der Zeit um 1200 stammt, und das ursprüngliche* ***Saalhaus Fravi oder Melchior****.*

Ref. Kirche, Clugin

Pignia. *Vor allem die typischen Bauernhäuser und die* ***Ref. Kirche****, die im Kirchenschiff noch Teile eines romanischen Vorgängerbaus enthält, prägen die Ortschaft. In der Gemeinde befindet sich auch die* ***Heilquelle 'Fontana nera'****.*

Andeer* *Mit rund 750 Einwohnern ist das Borgdorf die bevölkerungsreichste Gemeinde im Bezirk Hinterrhein. Bekannt ist Andeer für den hier abgebauten grünen Granit und durch das* ***Heilbad Andeer*** *von 1982. Von der einstigen umfangreichen* ***Wehranlage Bärenburg*** *sind heute nur noch Überreste zu besichtigen. Das* ***Haus Capol*** *verfügt über eine reiche Innenausstattung. Das 1501 erbaute* ***Haus Pedrun*** *wird von reichen Sgraffitodekorationen geschmückt. Die* ***Ref. Kirche*** *der Gemeinde präsentiert sich als ein Neubau aus dem Jahr 1673 mit einem Taufstein aus Tuff.*

Ortsansicht, Andeer

Thusis - Splügen - San-Bernardino-Pass

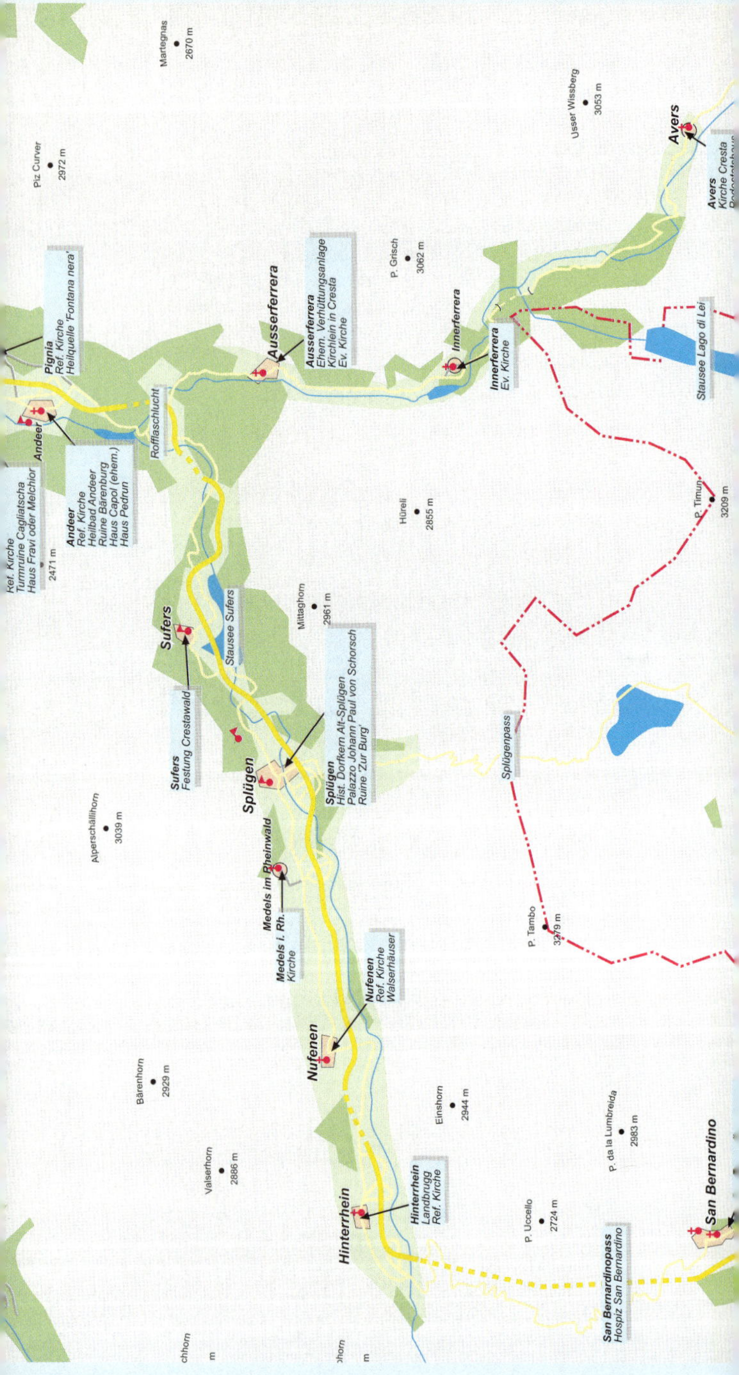

Andeer-Post

Von Andeer besteht die Möglichkeit mit dem Postauto ins Val Ferrera zu fahren. Am Talende liegt Juf, die höchste ständig bewohnte Siedlung der Alpen.

Postauto nach Ausserferrera

Postautoverbindung: Andeer-Post - Averser Rheintal - Juf-Post

Ausserferrera* *Aus der frühen Zeit des Bergbaus haben sich hier die Reste einer* ***ehem. Verhüttungsanlage*** *aus dem 14. Jh. erhalten. Ausserdem können das* ***Kirchlein in Cresta****, die älteste Kirche im Tal, und die* ***Ev. Kirche*** *mit den Glocken aus den Jahren 1831 und 1954 besichtigt werden.*

Ehem. Verhüttungsanlage, Ausserferrera

Innerferrera* *Das vom Bergbau geprägte Dörfchen verfügt über eine* ***Ev. Kirche*** *aus dem Jahr 1834. Ferner befindet sich auf dem Gebiet der Gemeinde die 143 m hohe* ***Staumauer des Lago di Lei****.*

Postauto in Ausserferrera

Avers* *Die Gemeinde Avers, die teilweise schon im 10. Jh. von Romanen besiedelt war, umfasst acht Fraktionen auf höchst*

Staumauer Lago di Lei

unterschiedlichen Höhenlagen. Sehenswürdigkeiten sind die ***Kirche Cresta****, die ihr Erscheinungsbild bei einem Umbau 1786 erhielt, und das* ***Podestatshaus****, das höchstgelegene steinerne Bürgerhaus.*

Juf *Der kleine Ort am Talende ist die höchstgelegene, ganzjährig bewohnte Siedlung in Europa. (2126 ü.M.)*

Panorama, Avers

Postautoverbindung: Andeer-Post - Hinterrhein

Sufers* *Die Gemeinde, die südlich an Italien grenzt, ist vor allem durch den* ***Stausee Sufers*** *geprägt. Interessant ist ein Besuch der* ***Festung Crestawald****. Noch zur Zeit des Zweiten Weltkrieges war das einstige Artilleriewerk ein streng gehütetes militärisches Geheimnis. Zwischen Sufers und Andeer bietet sich Wanderern mit der* ***Rofflaschlucht*** *ein ausserordentlich schönes Ausflugsziel.*

Stausee, Sufers

Splügen** *Im* ***Hist. Ortskern Alt-Splügen*** *finden Besucher die typischen braunen Walserhäuser vor. Als prächtiges Gebäude zeigt sich ausserdem der* ***Palazzo Johann Paul von Schorsch****, in dem sich heute die Gemeindeverwaltung sowie das* ***Heimatmuseum Rheinwald*** *befinden. Wanderungen von Splügen aus sind über den Splügenpass (2.115m) auf*

Palazzo J. P. von Schorsch

dem wiederhergestellten ***hist. Saumpfad*** *möglich. Am Weg nach Sufers haben sich die Überreste eines Palas, die* ***Ruine 'Zur Burg'****, aus der Mitte des 13. Jh. erhalten.*

Ansicht von Medels

Medels i. Rh. *Auf dem Gebiet des kleinen Walserdorfs existierte bereits im 13. Jh. eine Alpsiedlung. Die kleine Kirche der Gemeinde wurde 1708 errichtet.*

Ref. Kirche, Nufenen

Nufenen. *Die Geschichte des Dörfchens reicht wahrscheinlich bis ins 13. Jh. zurück, als sich hier die Walser ansiedelten. Neben dem bekannten Bergkäse aus Nufenen sollten noch die* ***barocke Ref. Kirche*** *von 1643 und die* ***Ortsbild prägenden Walserhäuser*** *genannt werden.*

Hinterrhein. *Schon zuvor als Alpgebiet genutzt, gilt Hinterrhein als das älteste belegte Walserdorf Graubündens. Es lohnt sich eine Besichtigung der Landbrugg von 1692, die als kleinste, aber auch schönste* ***Bogenbrücke*** *über den Hinterrhein führt. Noch älter ist die* ***Ref. Kirche*** *von 1219.*

=> Im Sommer fährt das Postauto nicht nur durch den 6496 m langen Tunnel sondern auch über den Pass.

San Bernardino-Passhöhe *(2065 m ü.M.)* Die Geschichte des* ***Hospiz San Bernardino*** *reicht bis ins Jahr 1824 zurück.*

Hospiz, San Bernardino

Valle Mesolcina - Val Calanca

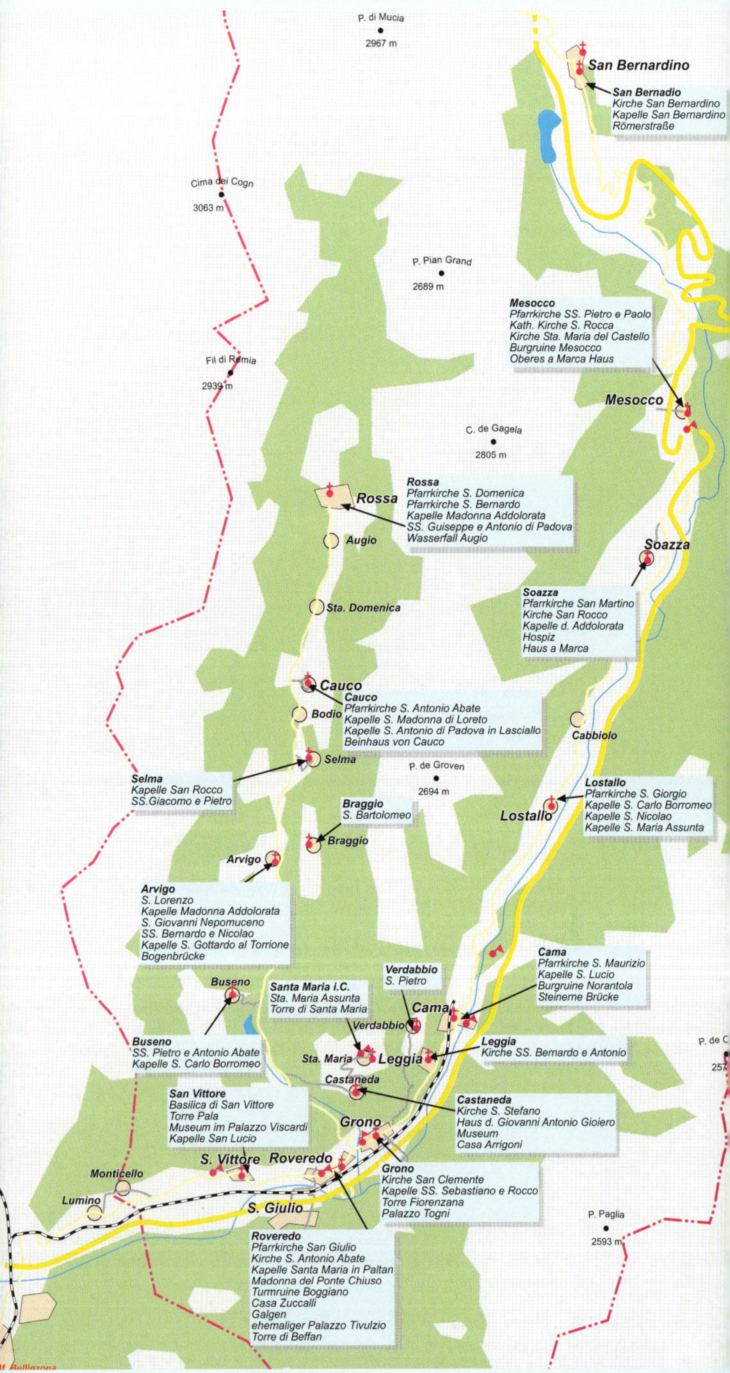

Postauto unterwegs ins Valle Mesolcina

Valle Mesolcina - Val Calanca. *Viele verschiedene, jedoch ähnlich klingende Bezeichnungen haben sich für das Tal der Moesa und sein Paralleltal Calanca durch die in Graubünden einzigartige Sprachenvielfalt eingebürgert. Das Misox ist neben dem Bergell und dem Puschlav eines der Graubündner Täler, in dem italienisch gesprochen wird. Es verläuft vom San-Bernardino-Pass nach Süden.*

Postautoverbindung: San-Bernardino-Pass (im Winter durch den Tunnel) - Roveredo - SBB-Bf. Bellinzona.

=> Als erster Ort hinter Pass oder Tunnel wird das touristisch bekannte San Bernardino erreicht.

San Bernardino (Mesocco)** *Im ersten Ort nach dem San-Bernardino-Pass (Tunnel) stehen die* ***barocke Kirche San Bernardino*** *und die im Jahre 1450 erbaute* ***Kapelle San Bernardino***. *Die* ***Römerstrasse*** *war eine wichtige Passstrecke, von deren gepflastertem Pfad heute noch Überreste erhalten sind.*

Kirche und Kapelle, San Bernardino

=> Auf der alten Strasse mit vielen Serpentinen geht die Fahrt weiter bergab. Links oberhalb am Hang ist die Autobahn zu sehen.

Mesocco*** *Die Gemeinde erstreckt sich bis zum San-Bernardino-Pass und besteht aus mehreren weit auseinander liegenden Dorfteilen. Historisch interes-*

Burgruine Mesocco

sant sind die **Burgruine Mesocco***, einst mächtige Wehranlage, die* **Kirche Sta. Maria del Castello** *und das um das Jahr 1564 erbaute* **Maggiorasco Haus (Oberes a Marca Haus)***. Im* **Unteren a Marca Haus** *befindet sich ein Archiv für über 10.000 historische Dokumente. Die* **Pfarrkirche SS. Pietro e Paolo** *ist mit feinen Stuckdekorationen im Chor geschmückt und der* **Kirche S. Rocca** *wurde 1668 ein* **Kapuzinerkloster** *angegliedert.*

=> Nun verläuft die Fahrt weitgehend unspektakulär zum nächsten Ort.

Soazza* *Schon zu Beginn des 16. Jh. existierten hier Granit- und Holzhäuser, die teils bis heute eng beieinander liegend die typischen kleinen Gässchen bilden. Die* **Pfarrkirche San Martino** *überragt deutlich die Gegend. Das Gotteshaus ist mit einer Kassettendecke des 17. Jh. und schönen Stuckarbeiten versehen. Weitere Sakralbauten sind die 1633 errichtete* **Kirche San Rocco** *und die* **Kapelle d. Addolorata.** *Sowohl das Hospiz mit den sehenswerten Wandgemälden von 1686, als auch das architektonisch bedeutende* **Haus a Marca** *stammen aus dem 17. Jh.*

San Martino, Soazza

Alte Eisenbahnbrücke, Soazza

=> Auf der Weiterfahrt sind rechts Reste, Tunnel und Brücken der ehem. Bahnstrecke Bellinzona-Mesocco zu sehen.

Lostallo* *Zwischen fruchtbaren Weinbergen liegt an einem Westhang das schmucke Dorf, in dem sich gleich vier bemerkenswerte Sakralbauten befinden. Die* **Pfarrkirche S. Giorgio** *erhebt sich als barocker Bau über dem Dorf. Weitere Gotteshäuser sind die reich ausgestattete* **Kapelle S. Carlo Borromeo***, die mit farbschönen Aussenmalereien verzierte* **Kapelle S. Nicolao** *und die* **Kapelle S. Maria Assunta** *mit einem*

Wandgemälde der Himmelfahrt Mariens.

=> Die Strasse folgt dem Verlauf des Tals zum nächsten Ort.

S. Nicolao, Lostallo

Cama* *Die **Pfarrkirche S. Maurizio** wurde bereits 1219 genannt. In der **Kapelle S. Lucio** gibt es wunderschöne Stuckarbeiten von ca. 1660 zu bewundern. Empfehlenswert ist auch ein Besuch der **Burgruine Norantola**, deren Geschichte weit in die Vergangenheit zurückreicht, und der **Steinernen Brücke** von 1504.*

=> Die Bahnstrecke rechts der Strasse nutzt ein Eisenbahnverein mit verschiedenen historischen Fahrzeugen für Museumsfahrten.

Leggia. *Die Lage im südlichen Misox begünstigt die klimatischen Bedingungen für das charakteristische Dorf. Das Gotteshaus von Leggia, die **Kirche SS. Bernardo e Antonio**, wurde 1513 geweiht, 1610 umgebaut und erhielt 1688 ein Kreuzgewölbe.*

=> Oben rechts am Hang liegen die Orte Verdabbio, Santa Maria und Leggia, die von Roveredo mit dem Postauto zu erreichen sind.

Torre Fiorenzana, Grono

Grono** *Der Ort liegt am Eingang ins Calancatal. An Sehenswürdigkeiten sind die **Kirche San Clemente** mit einer bemalten Balkendecke aus dem 17. Jh. und die 1615 erbaute **Kapelle SS. Sebastiano e Rocco** zu nennen. Bedeutende historische Gebäude sind ferner das Anwesen **Torre Fiorenzana**, dessen Geschichte bis in das späte 12. Jh. zurückreicht, und der **Palazzo Togni**, der auch 'rotes Haus' genannt wird.*

=> Rechts zweigt das Val Calanca ab.

Roveredo* *Die Geschichte des heutigen Hauptortes des unteren Misox reicht weit ins Mittelalter zurück. Auf einem Felsvorsprung am Weg zum Jorio-Pass befindet*

San Giulio, Roveredo

sich die **Turmruine Boggiano**, Überreste einer ausgedehnten Wehranlage des 11. oder 12. Jh. Auch von der **Turmburg Torre** de Beffan aus dem 13. Jh. sind noch Reste erhalten. Weitere historische Bauten sind der **ehem. Palazzo Trivulzio** aus dem 14. Jh., die Casa Zuccalli mit Sgraffitoarbeiten an der Fassade und die barock gestaltete **Pfarrkirche S. Antonio Abate**. Auch der einschiffige Sakralbau der **Kapelle Santa Maria in Planta**, die **Kirche Madonna del Ponte Chiuso (S. Anna)**, die als schönste Barockkirche des Misox gilt, und die **Pfarrkirche San Giulio**, deren Bau im Wesentlichen aus dem 13. Jh. stammt sind sehr sehenswert. Ausserdem stehen in Roveredo die Reste eines **Galgens** aus dem Jahr 1542.

Postautoverbindung: Roveredo-Post - Verdabbio.

Verdabbio. *Geschützt in einer Mulde liegt 300 m über dem Talboden das Dorf. Sehenswert ist die* **Kath. Pfarrkirche S. Pietro**, *die ab 1631 umfassend erneuert und auch innen neu gestaltet wurde.*

Postautoverbindung: Roveredo-Post - Castaneda - Santa Maria.

Castaneda. *Am Eingang zum Calancatal ist das Klima fast mediterran, sogar Palmen und Bananen wachsen hier. Das* **Haus d. Giovanni Antonio Gioiero** *war im 17. Jh. ein Rittersitz. Es ist leider stark verfallen. Bei der* **Casa Arrigoni**, *ein Herrenhaus aus dem Jahr 1574, kann man Sgraffito und deutsche Sprüche an der Aussenwand erkennen, während sich die einst schmucklose* **Kirche S. Stefano** *heute im barocken Stil präsentiert. Im Museum von Calanca können sich Besucher in einer Dauerausstellung zur Urgeschichte informieren.*

Santa Maria i.C.*** *Auf einer Terrasse hoch über beiden Tälern erhebt sich der Ort mit der* **Burgruine Torre di Santa Maria**, *von der bis heute der markante fünfeckige Wohnturm erhalten ist, und die* **Kirche Sta. Maria Assunta** *mit ihrer prachtvollen Kassettendecke.*

Postautoverbindung: Roveredo-Post ins Val Calanca.

=> Stetig und steil bergauf geht die Fahrt durch das enge

Tal zum ersten Ort.

Panorama, St. Maria in Calanca

Buseno. *Am rechten Ufer der Calancasca auf einer kleinen Terrasse findet man die Ortschaft Buseno. Zwei Gotteshäuser sind hier einen Besuch wert: Die im Jahr 1483 geweihte* ***Pfarrkirche SS. Pietro e Antonio Abate****, die 1776 zur kreuzförmigen Barockkirche ausgebaut wurde, und die mit Gemälden von M. Chefeler ausgestattete* ***Kapelle S. Carlo Borromeo****.*

Arvigo* *Die* ***steinerne Bogenbrücke*** *stellt einen besonders schönen Übergang über die Calancasca dar. Weitere sehenswerte Sakralbauten sind die* ***Pfarrkirche S. Lorenzo****, das barocke Gebäude der* ***Kapelle Madonna Addolorata****, die 1710 erbaute* ***Kapelle S. Giovanni Nepomuceno****, die* ***Pfarrkirche SS. Bernardo e Nicolao****, die erstmals 1529 Erwähnung fand, und die* ***Kapelle S. Gottardo al Torrione*** *von 1732.*

Bogenbrücke, Arvigo

Braggio. *Das Dorf liegt links der Calancasca auf einer Hochebene über Arvigo und ist nur zu Fuss über einen Saumweg oder über die 1961 fertiggestellte Luftseilbahn erreichbar. Bemerkenswert ist die* ***Pfarrkirche S. Bartolomeo****, deren Gotteshaus auf einen Vorgängerbau zurückgeht, der schon 1611 erwähnt wurde.*

Selma. *Aufgrund der Lage schon ein Stück weiter oben im Tal ist das Klima in dem Dorf mit den interessanten Holzhäusern schon merklich kühler. Trotzdem lohnt sich ein Besuch der* ***Kapelle San Rocco****, die mit aussergewöhnlichen Wandmalereien geschmückt ist, und der in den Jahren 1662 – 1667 erbauten* ***Pfarrkirche SS. Giacomo e Pietro****.*

Cauco* *Das Dorf war früher für die hiesigen, aus Speckstein gedrehten Gefässe bekannt. Heute gibt es hier die*

Pfarrkirche S. Antonio Abate, erstmals 1497 erwähnt, die mit reicher Fassadenbemalung versehene Kapelle S. Madonna die Loreto sowie den barocken Bau der Kapelle S. Antonio di Padova in Lasciallo zu bewundern. Ferner befindet sich neben der Pfarrkirche das Beinhaus von Cauco, welches Mitte des 17. Jh. errichtet und anfangs der 90er Jahre renoviert wurde.

S. Madonna di Loreto, Cauco

Rossa* *Die Ortschaft, zu der seit 1982 auch das im Jahre 1301 erstmals erwähnte Augio sowie Santa Domenica gehören, befindet sich im hintersten Teil des Calancatals. Hier stehen die barocke Pfarrkirche S. Domenica von 1656, die Kapelle Madonna Addolorata, die eine Vorhalle mit Rundpfeilern aufweist, die mit einer sehenswerten barocken Orgel ausgestattete Pfarrkirche SS. Guiseppe e Antonio di Padova sowie die Pfarrkirche S. Bernardo, die ein sehenswertes Rosenkranzgemälde von 1685 beherbergt. Als Naturschauspiel besonderer Art zeigt sich der mächtige Wasserfall Augio, der etwa 150 Meter über die Felsen ins Tal stürzt.*

SS. Guiseppe e Antonio di Padc
Rossa

Postautpverbindung: Roveredo-Post - Bf. Bellinzona

=> Auf der Weiterfahrt nach Bellinzona erreicht die Buslinie den letzten Ort des Valle Mesolcina vor dem Kanton Tessin.

San Vittore* *Viele stattliche Häuser prägen das Ortsbild von San Vittore. Ausserdem können hier die einstige Wohnburg Torre Pala aus dem 12./13. Jh., die aus zwei völlig verschiedenen Baukörpern bestehende Kapelle San Lucio und die ursprüngliche Mutterkirche der Talschaft, die Basilica di San Vittore, bewundert werden. Das Museum Moesano im Palazzo Viscardi setzt sich thematisch vor allem mit den Stukkateuren* *im Misox auseinander.*

=> Nun verlässt der Bus den Kanton Graubründen.

Wir erreichen als nächsten Ort Castione. Hier trifft die alte Bahnstrecke des Valle Mesolcina auf die Gotthardbahn. Der Bus fährt weiter bis zur **SBB Station Bellinzona**. ***Hier besteht Anschluss durch den St. Gotthard-Tunnel über Göschenen, Andermatt, den Oberalp-Pass nach Disentis und Chur.***

Torre Pala, San Vittore

Mesocco-Bahn

Wegen der isolierten Lage der Misoxer Linie Bellinzona- Mesocco spielte sie im Netz der RhB nur eine untergeordnete Rolle.

Schon früh (1895) gab es Vorschläge für eine Bahnlinie mit Normalspur von Castione-Arbedo nach Mesocco. Drei Jahre später wurde der Projektvorschlag in eine schmalspurige Überlandstrassenbahn geändert. 1903 wurde die 'Societa Ferrovia elettrica Bellinzona-Mesocco' gegründet. In zwei Teilstücken wurde die Strecke fertig gestellt, Bellinzona-Lostallo am 6. Mai 1907 und bis Mesocco 31. Juli 1907. Wegen finanzieller Schwierigkeiten übernahm die RhB die Bahn 1941. Ein grosser Teil der Gleisanlagen wurde erneuert und ab 1955 die Möglichkeit des Transportes von Normalspurwagen eingerichtet. Durch den Bau der parallel verlaufenden Nationalstrasse N13 wurde es finanziell schwieriger. So wurde am 28. Mai 1972 der Personenverkehr eingestellt. Der Abschnitt Bellinzona - Castione - Arbedo wurde stillgelegt und abgebrochen.

Triebwagen der Mesoccobahn in Castione

Bis zum schweren Unwetter am 7. August 1978 wurde weiterhin Güterverkehr betrieben. Eine Instandsetzung des Abschnitts Cama-Mesocco erfolgte nicht mehr. Der wichtigste Kunde ging Anfang der 90er Jahre mit der Schliessung der Val-Moesa-Werke verloren.

Die endgültige Stilllegung erfolgte zum 31. Dezember 2003. Einen Museumsbetrieb versuchen die Eisenbahnfreunde der Società Esercizio viario Turistico einzurichten.

Daten, Bahnfahrzeuge

Spurweite	1000 mm
Streckenlänge	385 km
Grösste Steigung/Gefälle	70 Promille
Tunnel und Galerien	117
Längster Tunnel	Vereina 19042 m
Brücken (gesamt)	495
Brücken über 10 m Weite	283

Dampflokomotiven	3
Dieselelektrische Lokomotiven	6
Zweikraftlokomotiven	2
Elektrische Lokomotiven Wechselstrom	60
Wechselstromlinien Stammnetz	
Elektrische Triebwagen	20
Gleichstromlinie Bernina	
Personenwagen (vierachsige)	309
Personenwagen (zweiachsige)	17
Speisewagen	10
Güterwagen	1030 alle Typen
Triebfahrzeugkilometer	7'996'000
Passagiere	8.7 Mio
Gütertonnen	785‘000 Tonnen

Draisine am Bf. Filisur

ABe 4/4 I in Alp Grüm

De 2/2, Bernina Hospiz

Be 4/4 in Filisur

Daten, Bahnfahrzeuge

Gem 4/4 in Tirano

ABe 4/4 I in Tirano

Ge 6/6 I mit Güterzug

AGe 4/6 im Depot Samedan

Ge 6/6 II in Preda

Ge 4/4 III vor Preda

Ge 6/6 I mit Pullmannwagen

Offene Personenwagen